Ansgar Hörsting

Darauf kannst du dich verlassen!

Wie Gottes Zusagen unser Leben verändern

SCM
R.Brockhaus

SCM

Stiftung Christliche Medien

Bodenborn 43 · 58452 Witten
Internet: www.scm-brockhaus.de; E-Mail: info@scm-brockhaus.de

FSC
www.fsc.org
MIX
Papier aus verantwortungsvollen Quellen
FSC® C006701

Umschlaggestaltung: Dyadesign, Düsseldorf
Satz: Christoph Möller, Hattingen
Druck und Bindung: CPI – Ebner & Spiegel, Ulm
Gedruckt in Deutschland
ISBN 978-3-417-26578-1
Bestell-Nr. 226.578

Inhalt

Kapitel 1

Verlässlich

Gottes Zusagen sind ein sicherer Grund

Ich saß am Tisch meines spartanisch eingerichteten Zimmers in der ersten Etage des kleinen Gästehauses und traf die letzten Vorbereitungen für meinen Vortrag. Ich war ganz in Gedanken und genoss dabei die Ruhe des frühen, winterlichen Tages. Plötzlich, wie aus dem Nichts, durchfuhr mich eine Welle der Erschütterung. Was war das? Ich dachte spontan, mein Kreislauf spiele verrückt. Doch so schnell dieses Vibrieren gekommen war, so schnell war es vorbei. Sollte das wirklich mein Kreislauf gewesen sein? Eigentlich kam die Erschütterung von den Wänden und aus dem Boden. War das ... vielleicht ... ein Erdbeben gewesen?

Mit rasendem Herzschlag verließ ich den Raum, eilte den langen Gang entlang, rechts die Treppe hinunter und trat vor das Haus. Auch andere Anwohner trafen dort ein und schauten einander mit großen Augen an. Ein Erdbeben? Ja, kam die schnelle Antwort, aber nur ein kleines. Die Einheimischen, die so etwas schon oft erlebt hatten, bestätigten meine Vermutung. Hier in der Hauptstadt würde es nicht viel angerichtet haben, so schwach war es gewesen. Erleichterung machte sich breit.

Bei mir jedoch, der ich dieses Phänomen nicht kannte, hinterließ selbst dieses kurze Erlebnis ein unangenehmes Gefühl der Unsicherheit. Mein Puls raste noch immer, war auf „Hab Acht!".

Das Ganze ereignete sich vor einigen Jahren in Duschanbe, der Hauptstadt der zentralasiatischen Republik Tadschikistan. Damals ging mir dieses Gefühl lange nach. Bis zu diesem Zeitpunkt hatte ich immer gedacht, der Boden, auf dem ich stehe, sei zuverlässig. Denn das war meine Lebenserfahrung gewesen. Nun schien mir der Boden, die Grundlage allen Lebens, ja, dieser Globus selbst, weniger zuverlässig. Er wackelte. Ich kannte natürlich das Phänomen „Erdbeben" aus dem Fernsehen, ich hatte Bilder gesehen über die verheerende Zerstörungskraft. Aber selbst eines mitzuerleben, wenn auch nur ein kleines, das war etwas ganz anderes.

Dieses Gefühl von damals hat sich mir eingeprägt. Selbst auf das, worauf ich täglich stehe, worauf wir Häuser bauen, was uns als die größte Selbstverständlichkeit vorkommt – diese Erde –, kann ich mich nicht zu 100 Prozent verlassen. Ich habe empfunden, was tiefe Verunsicherung bedeutet. Ich habe gespürt, wie es ist, wenn man meint, sich auf das nicht mehr verlassen zu können, was ansonsten ganz verlässlich funktioniert.

Dieses Gefühl der Unsicherheit bei einem Erdbeben ist für mich zu einem Sinnbild für das Lebensgefühl einer wachsenden Zahl von Menschen geworden. Viele wissen nicht mehr, worauf sie sich verlassen können. Und dieses Phänomen wird in unserer Zeit immer stärker: Die Umstände, die Politik, die Banken, die Zukunft, die Renten sowieso, ja sogar die Wahrheit selbst wirken auf uns unsicherer denn je. Alles scheint zu wackeln, das ganze Haus der Menschheit. Ob dies tatsächlich zutrifft, ist eine andere Frage. Aber es fühlt sich zumindest für viele so an. Da hilft es auch nicht, darauf zu verweisen, dass Menschen früherer Generationen häufig mit viel größeren Unsicherheiten wie Krieg, Wirtschaftskrisen, Arbeitslosigkeit und Krankheit zu leben hatten als wir heute. Diese Fakten, auf die ich später noch eingehen werde, fallen kaum ins Gewicht. Es bleibt bei dem Lebensgefühl der großen Verunsicherung.

Auch Christen kennen es. Manchmal lassen wir uns einfach mitreißen von diesem gewaltigen Strom verunsichernder Nachrichten. Wir verlieren die Gewissheit, dass Gott selbst und sein Wort die zuverlässigste und stabilste Grundlage für unser Leben darstellen. Wir würden das nicht so formulieren, aber unbewusst ist es so. Und dann steht das, was wir meinen zu glauben, mit unserem Leben im Widerspruch. Plötzlich meinen wir, unser Glück hänge am Euro, und die Sorge um den Arbeitsplatz frisst jede Lebensenergie.

Die Sache richtig anfangen

Sie kennen das. Sie knöpfen am Morgen Ihr Hemd oder Ihre Bluse zu. Ihre Finger sind noch etwas ungelenk und Ihre Augen verschlafen. Sie arbeiten sich von Knopf zu Knopf, aber irgendwann merken Sie: Da stimmt etwas nicht. Der Kragen ist schief. Und unten ist das Hemd unterschiedlich lang. Schließlich gestehen Sie sich missmutig ein, dass Sie das Hemd schief geknöpft haben.

Nun werden Sie das Hemd nicht dadurch gerade bekommen, indem Sie daran ziehen; Sie können die Sache nicht mit Gewalt angehen. Sie müssen Knopf für Knopf aufknöpfen und dann mit dem richtigen Knopf und dem dazugehörigen Knopfloch beginnen. Von da aus ergibt sich alles Weitere wie von selbst.

Das Beispiel ist banal. Dahinter steckt jedoch eine großartige Weisheit, die ein Freund von mir oft zum Besten gibt. Wenn wir über ein Projekt diskutieren, das wir neu anfangen wollen, oder wenn wir über eine theologische Frage debattieren, dann pflegt er zu sagen: „Wenn du ein Hemd anfängst, schief zu knöpfen, bleibt es auch beim weiteren Zuknöpfen schief. Der erste Knopf muss stimmen, dann stimmt auch jeder weitere." Er sagt das, um darauf hinzuweisen, wie wichtig der richtige Ausgangspunkt in einer Debatte ist. Der muss stimmen, sonst stimmt nichts. Er ist wichtig und es lohnt sich, ihm viel Aufmerksamkeit zu schenken. Von ihm hängt alles Weitere ab. Und er hat recht.

Was hier vielleicht banal daherkommt, hilft bei größeren Fragen. Auch bei der, um die es in diesem Buch geht: Worauf können wir uns verlassen? Wer oder was ist verlässlich? So einfach die Frage, so vielfältig die Antworten.

Für einige Philosophen sind es die Grundelemente der Welt. Für andere sind es die kosmischen Kräfte. Die Naturgesetze. Die Menschheit selbst. Berühmt geworden ist der Philosoph Descartes, der den einzelnen denkenden Menschen als das eigentlich Verlässliche betrachtete, als er konstatierte: „Ich denke, also bin ich!"

Aber was passiert, wenn man anfängt, sein Hemd auf diese Weise zu „knöpfen"? Kann ich mich auf mich selbst verlassen? Oder kann ich mich auf Sichtbares verlassen? Sind die Naturgesetze tragfähig? Und wenn ja, welche?

In diesem Buch stelle ich Gottes Zusagen ins Zentrum des Denkens, ja, des ganzen Lebens. Sie sind die Grundlage für alles Weitere, was man im Leben so anstellen kann. Ich behaupte, dass Gottes Zusagen an den Anfang, in den Mittelpunkt und an das Ende unseres Lebens gehören. Sie sind der eine verlässliche, alles tragende Grund. Und sie haben ein Zentrum: Jesus Christus. In ihm ist Gottes Wort zugespitzt und verlässlich wie sonst nirgends. Gottes Zusagen sind es, die ich für immer wichtiger halte, je länger ich mich mit ihnen auseinandersetze. Sie sind das Thema dieses Buches und sie sollen das große Thema meines Lebens sein. Und ich lade Sie ein, mit mir auf Entdeckungstour zu gehen. Ich glaube: Wer in den Zusagen Gottes seine Lebensgrundlage findet, der fängt die Sache richtig an und wird sie auch gut beschließen können.

Ich habe dieses Buch geschrieben, damit wir einen zuverlässigen Grund finden. Ich habe es geschrieben, damit wir „das Hemd mit dem richtigen Knopf beginnen". Ich habe es geschrieben, damit wir zu einem Leben finden, das erfüllt ist von der Freude an der guten Nachricht von Jesus Christus. Ich habe es geschrieben, damit diejenigen, die wie gelähmt vor den Tausenden Fragen ihres Lebens stehen, neuen Mut gewinnen. Es bietet die Grundlage dafür, dass Christen ausgerüstet werden für ein Leben in dieser Welt. Ob als Politikerin oder Unternehmer, Mutter oder Vater, ob als Missionar oder Finanzbeamte, als Journalistin, als Gemeindegründer oder was auch immer. Ohne die Zusagen Gottes fehlt uns die Kraft, die wir brauchen. Und genau das erleben viele. Sie versuchen aus eigener Kraft, den Alltag zu bestreiten, und fühlen sich wie in einem Hamsterrad. Sie strampeln sich ab, ohne voranzukommen, und sind ausgelaugt. Woher aber kommt Kraft? Sie kommt aus dem Vertrauen in die Zusagen Gottes. Sie kommt nicht aus uns selbst, sondern von Gott.

Dieses Buch kann ganz nebenbei helfen, mehr Lebensqualität zu gewinnen. Das ist zwar nicht das Hauptziel, aber als Nebeneffekt durchaus möglich, ja sogar sicher, wenn wir Gottes Zusagen zur Grundlage unseres Lebens machen.

Aber letztlich geht es um viel mehr! Es geht darum, dass uns Jesusleuten klar wird, womit wir eigentlich beschenkt sind:

- dass wir in Jesus jeden geistlichen Segen empfangen haben (Epheser 1,3),
- dass wir in Jesus zur Fülle Gottes gebracht sind (Kolosser 2,10),
- dass alle Zusagen in Jesus Christus erfüllt oder bestätigt sind (2. Korinther 1,20),
- dass Jesus uns mit seiner Freude erfüllen will (Johannes 15,11),
- dass wir Heil und Frieden mit Gott und Gerechtigkeit und Weisheit in Jesus haben (1. Korinther 1,30; Römer 5,1),
- dass uns Gott in Jesus alles schenkt (Römer 8,32),
- dass der Niedrige erhöht und der Hochmütige erniedrigt werden wird (1. Samuel 2,7; Psalm 113,7),
- dass uns nichts, aber auch gar nichts von Gottes Liebe trennen kann (Römer 8,38-39).

Dies ist nur eine kleine, spontan zusammengestellte Liste einiger Zusagen Gottes. Ich schreibe dieses Buch, damit viele Leser diese Zusagen als Geschenke genießen lernen. Manche werden damit beginnen, andere werden damit fortfahren. Dieser Genuss wird ihr Leben verändern.

Es ist ein Buch, das ich mit wachsender Begeisterung geschrieben habe, weil die Zusagen Gottes mein eigenes Leben beflügeln, beleben und verändern. Sie spielten schon immer eine große Rolle für mich. Aber je länger ich mich mit ihnen beschäftige, desto zentraler erscheinen sie mir für das gesamte Leben.

Wir sollen satt werden mit den Zusagen Gottes. Wir sollen sie nehmen und anwenden. Wir dürfen sie trinken, essen, schmecken. Manchmal müssen wir sie knacken und lange darauf herumkauen. Dann wieder dürfen wir sie schlürfen und wirken lassen. Manchmal wirken sie sofort, manchmal müssen wir sehnsüchtig darauf warten. Sie eröffnen uns ein Land, in dem zu leben gut ist. Sie bilden ein Fundament, das zuverlässig ist. Auf ihnen kann man fest stehen.

Ich möchte Ihnen nahebringen, worauf Sie sich wirklich verlassen können. Wenn Sie als Leser einen zwingenden, einen unausweichlichen Beweis fordern, der die Verlässlichkeit dessen, was ich beschreiben werde, glaubwürdig macht, muss ich Sie allerdings enttäuschen. Der Beweis, den ich liefern kann, ist der, den alle Wissenschaften geben: der Beweis der Indizien, der Beweis der Erfahrung und das Ergebnis von Abwägungen. Einen zwingenden und unausweichlichen Beweis gibt es für den aufrichtigen Wissenschaftler übrigens grundsätzlich nicht. Er muss – streng genommen – eingestehen, dass alles, was er behauptet, so lange gilt, bis das Gegenteil glaubhaft und überzeugend und mit genügend Indizien nachgewiesen werden kann. Eine seriöse Wissenschaft bringt keine „absolute Verlässlichkeit", wie es manche Leute meinen. Mein „Beweis" sind die vielen Menschen, die angefangen haben, ihr Leben auf den zu bauen, der selbst verlässlich ist und auf dessen Wort wir vertrauen können.

Die Bibel sagt, dass die Zusagen Gottes verlässlicher sind als alle menschlichen Worte und Überlegungen (Lukas 21,33; Lukas 16,17; Psalm 119,89). Petrus wirft die Netze entgegen dem gesunden Menschenverstand aus mit der Begründung: „Auf dein Wort!" (Lukas 5,5). Gottes Zusagen sind sicherer als menschliche Sicherheitssysteme. Sie bilden das Fundament für menschliches Leben schlechthin! Wer sie hat und sich auf sie verlässt, ist nicht verlassen. Wer ihnen vertraut, muss sich nicht flüchten und verlieren in Fundamentalismus, Ideologien und absolutistisch auftretenden Theorien. Wer auf sie baut, wird nicht gefangen genommen in Aberglauben, kosmischen Energien, Schicksalsgläubigkeit und ähnlichen modernen oder althergebrachten Geißeln. Wer lernt, die Zusagen Gottes zu verstehen und ihnen zu vertrauen, der wird ein neues Leben erhalten.

Das klassische Wort für das Thema dieses Buches ist „Verheißungen". Es ist jedoch inzwischen ein wenig altertümlich und nur noch selten im allgemeinen Sprachgebrauch zu finden. Wenn, dann hört man jemanden sagen: „Das sieht verheißungsvoll aus!", während er auf die Abfolge von acht Messern und Gabeln auf dem festlich gedeckten Tisch blickt oder auf ein junges Talent, das schon mit zehn Jahren die 100 Meter in 13 Sekunden läuft. Eine verheißungsvolle Situation gibt Anlass, mit Berechtigung auf etwas Schönes oder Erfolgreiches zu hoffen. „Verheißung" ist also ein zutreffendes Wort. Da die Sache, um die es geht, jedoch mit „Zusage" genauso gut wiedergegeben ist, spreche ich meistens von „Zusagen Gottes".

Da dieses Buch ein Thema behandelt, das für viele von uns entscheidend ist, möchte ich es nicht nur distanziert abarbeiten, sondern ganz persönlich aus meinem Leben erzählen und davon, wie die Zusagen Gottes mein Leben grundlegend verändert haben und immer noch verändern.

Verunsicherung heute

Die Journalistin Nina Pauer[1] beschreibt das Lebensgefühl der heute 20- bis 40-Jährigen. Sie leben, so Pauer, unter dem riesigen Druck, sich selbst verwirklichen zu müssen, haben dabei aber zugleich immer die Sorge, sich falsch zu entscheiden. Sie müssen sich bewähren in einem Kampf namens „Germany's Next Selbstverwirklicher". Tausend Möglichkeiten rasen durch ihre Köpfe. Pauer meint, der Segen unserer Zeit laute: „Alles ist möglich", und der Fluch unserer Zeit laute: „Alles ist möglich". Das Überangebot unserer Zeit verunsichert.

Der Schweizer Autor Rolf Dobelli[2] beschreibt, dass in seiner Kindheit zwei Käsesorten, drei Fernsehkanäle und drei Arten von Joghurt zur Auswahl standen. Und es gab nur ein Modell von Telefon, mit dem man auch lediglich telefonieren konnte. Heute hat sich alles vervielfacht. 48 Sorten Joghurt, 24 bis 700 Fernsehkanäle und Telefone, mit denen man „auch" telefonieren kann – neben vielem anderen. Das sei schön und unterscheide uns von der Planwirtschaft und der Steinzeit, sagt Dobelli. Aber man müsse damit umgehen können. Und genau das gelingt vielen nicht. Er beschreibt:

Ein Supermarkt stellte 24 Sorten Konfitüre zum Probieren auf. Die Kunden konnten nach Belieben kosten und die Produkte mit Rabatt kaufen. Am folgenden Tag führte der Supermarkt dasselbe Experiment mit nur sechs Sorten durch. Das Ergebnis? Es wurde zehnmal mehr Konfitüre verkauft als am ersten Tag. Warum? Bei einem großen Angebot kann sich der Kunde nicht entscheiden, und so kauft er gar nichts.[3]

Die große Auswahl lähmt. Der Kunde ist verunsichert und weiß nicht mehr, was gut für ihn ist.

Ich kenne es von mir selbst. Bei einem großen Angebot taucht sofort die Frage auf, ob es nicht noch etwas Besseres geben könnte. Stimmen die Informationen, die ich von diesem Berater oder jener Homepage bekomme?

Früher hatten viele Menschen keine Wahl. Der Joghurt, das Telefonmodell, ja sogar der Beruf und der Ehepartner waren mehr oder weniger stark vorgegeben. Und dasselbe galt auch für Werte, Glauben und Institutionen. Sie waren einfach da. Heute muss alles neu begründet, erfunden oder entwickelt werden. Das verunsichert.

Es gibt auch andere gesellschaftliche Aspekte, die zu einer Verunsicherung führen. Neulich sagte mir ein Nachbar, dass er in den 80er-Jahren mit der größten Selbstverständlichkeit ins Berufsleben eingestiegen sei mit der Gewissheit, dass das gut funktionieren und wahrscheinlich ein Leben lang halten werde. Mit dieser Haltung, so meinte er weiter, könnten junge Leute heute nicht mehr in eine Karriere starten. Es sei alles unsicherer. Und er hat recht!

Dieser moderne Stress, sich scheinbar auf nichts mehr außer sich selbst verlassen zu können, weil alles einem tief greifenden und schnell fortschreitenden Wandel unterliegt, ist einer der Ursachen des modernen Phänomens Burn-out. Ich stelle immer wieder fest, wie ältere Menschen staunend vor dieser „Modekrankheit" stehen und es einfach nicht begreifen, wenn sie ihr eigenes Leben mit teilweise sehr harten Erfahrungen mit dem von Menschen heute vergleichen. Doch es ist wichtig zu verstehen, dass heute ein anderer Stress herrscht als früher. Er hat damit zu tun, dass wir (ich nehme mich als 1965 Geborenen einmal mit in diese Gruppe, obwohl ich geschichtlich und soziologisch Grenzgänger bin) zwar viele Annehmlichkeiten, keinen Krieg erlebt und vieles besser und leichter haben, aber morgens aufstehen und uns jeden Tag „neu erfinden“ müssen.

Täglich beginnen wir neu, uns zu inszenieren. Wir stehen auf, und da ist erst einmal nichts, was feststeht. Wofür existiere ich? Wofür existiert der Kosmos? Und gibt es Gott? Wenn es ihn gibt, wie kann ich etwas über ihn wissen? Wer sagt mir, dass die „Gott-Experten“ recht haben bzw. welche von ihnen recht haben? Institutionen, die früher unhinterfragt feststanden, sind unglaubwürdig, ja, erst einmal verdächtig. Das sind die Erschütterungen unserer Zeit, von denen wahrscheinlich jeder moderne Mensch mehr oder weniger stark getroffen wird.

Ein paar Fakten gefällig?

Es ist schon erstaunlich, wenn – speziell Deutsche – die aktuellen Zustände beklagen, als sei es die schlimmste Zeit, die die Menschheit jemals gesehen hat. Es ist kaum auszuhalten, wenn ich höre, wie gut situierte Menschen ihre Situation als schlecht beschreiben. Sie leben (wie ich) seit ihrer Geburt in einem Land ohne Krieg. Sie mussten niemals fliehen. Sie haben drei Sorten Rotwein aus drei Ländern im Keller gelagert. Sie geben nur einen relativ geringen Anteil ihres Einkommens für ihre Grundversorgung aus, sodass sie noch Geld sparen können für (wahlweise) Urlaub, Auto, technisches Gerät oder das zehnte Hemd. Sie meinen, die aktuelle oder die letzte oder die kurz bevorstehende Wirtschaftskrise sei einmalig. Das kann man nur behaupten, wenn man die Geschichte nicht kennt.

Wie haben Menschen früher gelebt? Zumindest in augenscheinlichen, in äußeren Belangen viel unsicherer als wir heute. Bei einer durchschnittlichen Lebenserwartung von 40 oder 50 Jahren war klar, dass nur wenige Menschen 80 oder 90 Jahre alt würden. Säuglinge starben. Eine Lungenentzündung verlief oft tödlich. Herzschwächen und -fehler waren gängige Todesursachen. Sogar der Ötzi, jene Südtiroler mumifizierte Leiche, soll Verengungen der Herzkranzgefäße gehabt haben, obwohl er wohl kaum unseren modernen Stress gehabt haben kann. Das finde ich tröstlich und amüsant zugleich.

Es gab immer Währungsreformen und Geldentwertungen, neue Staatsformen, die Notwendigkeit, die Heimat zu verlassen, weil woanders besser Arbeit zu finden war. Es gab immer wenige, die viel hatten, und viele, die wenig hatten. Die Städte mit den meisterhaften Bauwerken (wie zum Beispiel Dresden), die wir heute bewundern, sind meist auf dem Rücken der Not leidenden Bevölkerung entstanden.

Es gibt jedoch Dinge, die wirklich anders sind als früher. Und dabei beschränke ich mich auf zwei, aus meiner Sicht entscheidende Punkte.

a) Die Weltbevölkerung wächst rasant.

Die Entwicklung ist enorm. Jahrtausendelang dümpelte die Weltbevölkerung unter einer Milliarde dahin. 1804 wurde diese Grenze erstmals überschritten. Für die zweite Milliarde brauchte es nur noch 120 Jahre (1924). Atemberaubende 30 Jahre waren für die nächste Milliarde nötig (1954). Als ich im Jahr 1965 geboren wurde, dürften es 3,5 Milliarden gewesen sein, und heute sind es doppelt so viele, über 7 Milliarden. Es brauchte also nur noch 46 Jahre für 3,5 Milliarden Menschen. Experten prognostizieren für 2050 gut 9 Milliarden Menschen. Das bedeutet, dass das Wachstum etwas stagniert und wohl nicht einfach, wie bisher, exponentiell weiterwachsen wird. Aber es wird eng. Der Planet schafft das. Aber schaffen wir das? Und wie können wir das schaffen?

b) Die Kommunikation verändert drastisch unsere Wahrnehmung.

Parallel zu dieser Entwicklung wächst die Flut von Informationen. Wir wissen viel mehr, zumindest sind wir über alles Mögliche und Unmögliche informiert. So wie die Weltbevölkerung wächst, wächst auch das Wissen. Nicht dass jeder Einzelne mehr weiß (oft weiß er auch weniger), aber es steht mehr zur Verfügung. Und durch moderne Kommunikation haben wir Zugang dazu. Was früher in anderen Teilen der Welt – vielleicht sogar nur 100 km entfernt – passierte, das war einfach unbekannt. Die Tausende Informationen, die heute täglich auf uns einströmen, müssen verarbeitet werden. Das ist eine Aufgabe, die uns in der Form von früheren Generationen unterscheidet.

Nur diese beiden Aspekte reichen aus, um zu erklären, dass wir in einer besonderen Zeit leben. Und beide Faktoren verstärken einander. Wenn die Weltbevölkerung wachsen würde, ich aber von all den damit zusammenhängenden Fragen (Unfällen, Ressourcenknappheit, Kriegen) nichts mitbekäme, würde es mich nicht beschäftigen. Die Kombination dieser Punkte verstärkt das Gefühl der Unsicherheit jedoch. Und es ist mehr als ein Gefühl, es ist nachweislich vorhanden.

Was passiert, wenn man nichts Verlässliches hat

Vereinfachungen

Unsere Zeit wird gern als unübersichtlich oder komplex beschrieben. „Nichts Verlässliches zu haben" gehört dazu. Wer sich der Komplexität und Unübersichtlichkeit nicht gewachsen fühlt (und das ist sehr verständlich, geradezu normal!), der sucht Vereinfachungen. Theorien und Schicksalserklärungssysteme, die die „unübersichtliche Welt" und „komplexe Realität" auf einen Nenner bringen wollen, sind solche Vereinfachungen. Dass „alles so passieren muss" oder alles „von den Sternen bestimmt" ist, dass jeder Mensch „das in seinem Leben bekommt, was für ihn vorgesehen ist" und ähnliche Formeln sind ebenfalls solche Vereinfachungen. Ich kenne viele Menschen, die simple biblische Glaubensinhalte in Bausch und Bogen als für einen aufgeklärten Menschen unzumutbar ablehnen, sich jedoch zugleich in solche Systeme versteigen. „Der Jude ist an allem schuld" oder „Der Islam ist an allem schuld" oder „Die Banken sind an allem schuld" sind Parolen, die uns innerlich Luft verschaffen. Endlich meinen wir, alles zu verstehen, und haben eine Erklärung. Ach, was wäre das schön ...

Übrigens: Auch sehr intelligente Menschen fallen solchen Parolen zum Opfer. Und ich glaube, es ist gut, sich ehrlich einzugestehen, dass in uns Menschen eine Sehnsucht nach solchen Vereinfachungen liegt.

Neulich sagte mir jemand, der das Leben durchaus differenziert betrachten kann, die sonntagabendliche Tatortsendung (man kann auch Rosamunde Pilcher oder anderes einsetzen) sei eine wunderbare Flucht vor der komplexen Realität. Ob nun für zwei Stunden oder auf Dauer: Vereinfachungen sind normal und dürfen auch einmal sein. Aber sie dürfen nicht unser gesamtes Denken bestimmen.

Im christlichen Bereich gibt es das auch. „Du hast zu wenig geglaubt", wird dem Kranken gesagt, der keine Heilung erfahren hat. „Die fortschreitende Säkularisierung gefährdet unseren Glauben", skandieren manche und kämpfen für ein christliches Abendland anstatt für das Reich Gottes, das immer fremd bleiben wird in dieser Welt. Andere stellen bedauernd fest: „Früher gab es noch christliche Werte", wobei man zurückfragen könnte: Welches „früher" ist gemeint? Und man wird feststellen: Jede Kultur war bunt, durchmischt und erlösungsbedürftig.

Scheinfreiheit

Noch mal zu Nina Pauer. Ihre These lautet, es sei ein Segen und Fluch zugleich, dass heute „alles möglich" ist. Der Vereinfacher und Fundamentalist will „zurück zur Steinzeit". Wer das nicht will, muss sich in die tausend Möglichkeiten und die vermeintliche große Freiheit hineinstürzen. Doch viele, sehr viele Menschen finden sich nach kürzester Zeit in großen Unfreiheiten wieder. Sie rühmen ihre Freiheit, leiden aber unter Unfreiheit.

Wer fünfhundert Freunde hat, kann sich nicht entscheiden, mit wem er sich treffen soll. Wer den „absoluten Sex" sucht, meint, alles ausprobieren zu müssen und will letztlich keinen Menschen, sondern Technik. Wer die Möglichkeit hat, an fünf Partys teilzunehmen, kriegt Stress. Wer die theoretischen Berufsoptionen zuerst ausprobieren will, bevor er sich entscheidet, findet kurz vor der Pensionierung seinen ersten Job.

Freiheit ist kein absoluter Zustand. Sie ist nur in Beziehung zu anderen erfahrbar und deswegen immer auch eingeschränkt. Wer alles will, wird Gefangener seiner Wünsche. Du darfst alles ausprobieren! Und dann? Die Versprechen grenzenloser Freiheit enden im Chaos.

Schon manche der ersten Christen in Korinth waren der Auffassung, „alles sei möglich" oder „erlaubt" (1. Korinther 6,12-20; 10,23-33). Ihnen musste Paulus schreiben: Mag schon sein, aber nicht alles ist nützlich oder hilfreich für andere (6,12 und 10,23), außerdem darf es nicht dazu kommen, dass wir uns von irgendetwas beherrschen lassen (6,12) und nicht alles baut andere auf (10,24). Wer also der Freiheit keinen Rahmen und keine Richtung gibt, wird sie nicht lange genießen können. Sie entpuppt sich als Scheinfreiheit.

Lähmung

Wer nichts Verlässliches hat, kann auch wie gelähmt vor dem Leben stehen. Er probiert nicht alles aus, sondern gar nichts. Das Gefühl der Unsicherheit lähmt. Wir fühlen uns außerstande, zu gestalten, zu handeln oder das Leben einfach nur zu genießen. Man weiß ja nie, was kommt.

Das betrifft auch viele Menschen, die in christlichen Kirchen, in Gemeinden und frommen Kreisen zu Hause sind. Es geht eine große und alarmierende Verunsicherung um. Viele, viel zu viele, sind sich ihres Glaubens und seiner Grundlagen ungewiss. Sie sind sich unsicher darüber, ob ihre Sünde wirklich vergeben ist, ob sie wirklich in der Gemeinschaft mit dem lebendigen Gott stehen, ob sie, wenn sie jetzt sterben, durch das, was Jesus Christus getan hat, vor Gott bestehen können. Sie stehen in einem Wald voller Fragezeichen. Der frühere Leiter des Evangeliumsrundfunks (ERF), Harald Petersen, schreibt:

> *Es ist einige Jahre her, da führten unsere Redakteure im ERF eine Umfrage unter den Beziehern unserer Programmzeitschrift „antenne" durch. Sie planten Sendungen zum Thema Angst und hatten dazu einen Fragebogen abgedruckt, auf dem die Leser ankreuzen konnten, wovor sie Angst haben. (...) Die zweithäufigste Antwort lautete wörtlich: „Ich habe Angst, den Forderungen Gottes nicht zu ge-*

nügen." Wir fanden das damals und auch heute noch erschreckend. Und zwar weil die „antenne" vorwiegend an Christen verschickt wird und nicht primär im säkularen Umfeld ausliegt.[4]

Das Ergebnis einer solchen Angst ist Lähmung. Das Leben geht an mir vorbei. Mission geschieht, wenn überhaupt, nur als strenge „Pflichterfüllung". Die Welt mitzugestalten, dazu fehlt die Kraft.

Was wir brauchen

Jesus hat einmal gesagt: „Der Himmel und die Erde werden vergehen, meine Worte aber werden nicht vergehen!" (Markus 13,31). Diese Zusage von Jesus, die uns in der Bibel überliefert ist, prägt mein Denken nicht erst seit dem Ereignis in Tadschikistan. Was genau beinhaltet sie?

Der Vers fängt mit einer zunächst beunruhigenden Ansage an, dass nämlich Himmel und Erde tatsächlich vergehen werden. Ein Erdbeben ist dagegen ein relativ mickriges Ereignis. Als der 21.12.2012 als „Weltuntergangstag" in den Medien groß thematisiert wurde, kamen einige zu Wort, die sagten, die Welt gehe auf jeden Fall irgendwann unter, wahrscheinlich aber erst in einigen Milliarden Jahren. Andere rechneten fest mit dem sofortigen Weltuntergang und flüchteten auf Berge, um dort von Ufos abgeholt zu werden. Wieder andere, darunter auch Kirchenvertreter, meinten beruhigend, die Welt ginge auf jeden Fall nicht unter. Ich dachte: „Man kann es nie wissen. Sie kann untergehen, jederzeit. Das sollte man auch sagen. Aber was soll's? Wir werden es schon merken, wenn es so weit ist."

Auf jeden Fall enthält der Vers aber vor allem eine tragende Zusage Jesu. Ich soll wissen, dass seine Worte nicht vergehen werden. Seine Herrschaft und Majestät werden bleiben. Er wird alle seine noch offenstehenden Verheißungen erfüllen. Ich kann in der Gewissheit leben, dass sie verlässlicher sind als alles andere.

Die Zusagen Gottes haben mich verändert. Sie haben aus dem relativ ängstlichen und sicherheitsbezogenen Menschen, der ich war (und zum Teil immer noch bin), einen gemacht, der doch ein wenig Mut entwickelt hat und den so schnell nichts aus der Fassung bringt. Ich bin ein Mensch geworden, der sich auf Gottes Zusagen verlässt und deswegen nicht verlassen ist. Ich habe mein schief geknöpftes Hemd noch einmal aufgemacht und einen Neuanfang gewagt. Der erste Knopf ist Gottes große Zusage, die er in Jesus Christus gegeben hat.

Kapitel 2

Kräftig

Gottes Zusagen haben Macht

Beim Frühstück nahm ich das Buch der Herrnhuter Brüdergemeine zur Hand, die sogenannten „Losungen". Ich schlug auf und las den Tagesvers: „Herzlich lieb habe ich dich, HERR, meine Stärke" stand dort als einzelner kurzer Satz aus Psalm 18,2.

„Meine Stärke, *meine* Stärke, meine *Stärke*." Mir liefen die Tränen über das Gesicht vor ... ja, vor was eigentlich?

Ich hatte anstrengende Monate hinter mir. Sie waren schön und abwechslungsreich gewesen, keine Frage. Aber sie hatten alle meine Kräfte gefordert. Ich hatte eine neue Aufgabe übernommen. Neue Aufgaben müssen erst verstanden werden. Sie müssen wie ein unbekanntes Land entdeckt und eingenommen werden. Das geht nicht nebenher. Ich war müde. Ich war erschöpft. Um es genau zu sagen: Ich war fix und fertig.

Trotzdem sollte ich an diesem Tag zu einer vierwöchigen Dienstreise aufbrechen. Das Programm, das vor mir lag, war prall gefüllt. Reisezeiten, Begegnungen, Vorträge, fast jeden Tag neue Leute, Klimaveränderungen und, und, und. Ich spürte, wie Unbehagen in mir hochkroch. Wie sollte ich das alles schaffen? Ohne jede Freude setzte ich mich an den Frühstückstisch und ging in den Tag und in die vor mir liegende Zeit. Und in diese Situation hinein sprach nun die Tageslosung.

„Meine Stärke!" Ich blieb an diesen beiden Wörtern kleben, nein, sie sprangen mich an. Es waren alte Worte, es waren Davids Worte. Und doch: In Sekundenschnelle wurden sie für mich Zusage Gottes in kürzester Form, Kraftpaket im Taschenformat, Energieriegel für unterwegs.[5] Meine Stärke. Stärke war nun genau das, was mir fehlte. Gott, meine Stärke?! Ich konnte es sofort glauben, und in diesem Moment spürte ich, dass dieser starke Gott auf der vor mir liegenden Reise mit mir sein würde.

Und ein zweiter Gedanke folgte sofort. „Herzlich lieb habe ich dich ..." Während ich noch vor zwei Minuten mit dem Gefühl gelebt hatte, in den kommenden Wochen ein Pflichtprogramm abspulen zu müssen, wurde mir schlagartig klar: Gott will, dass ich all das, was ich tun werde, aus Liebe zu ihm tue, sogar aus herzlicher Liebe. Das war ein völlig anderes Lebenskonzept. Es stellte alle kommenden Tage und Begegnungen, ja, auch die Verpflichtungen, in ein neues Licht. Liebe zu Gott sollte der bestimmende Charakter der Reise werden.

„Herzlich lieb habe ich dich, HERR, meine Stärke."

In diesem Moment wurde dieser Satz für mich zu einer Zusage Gottes. Ich wusste: Gott ist meine Stärke! Und er schenkt mir seine Kraft. Liebe kann ich nicht produzieren, dennoch hatte Gott verheißen, mir durch seinen Heiligen Geist Liebe zu schenken und entsprechende Früchte in mir hervorzubringen (Galater 5,22). Mir liefen die Tränen übers Gesicht, weil ich überwältigt war von der unglaublichen Kraft, die in diesen Worten liegt. Ich erlebte die Macht von Gottes Wort. Es wirkte. Und das ist wohl das beste Argument für die Autorität dieses Wortes. Es hat in diesem Moment sofort seine Wirkungsweise gezeigt. Ich trat meine Reise verändert an. Und auch in den kommenden Wochen hat diese Zusage tatsächlich gehalten.

Die Kraft von Worten

Worte haben Kraft. Das gilt zunächst einmal für alle Worte. Wenn ein Mensch immer und immer wieder hört: „Du kannst das nicht!" (das Fahrrad reparieren, die Klassenarbeit gut schreiben, der Mama beim Dekorieren helfen), dann entwickelt dieses Wort Kraft und der Mensch kann es wirklich nicht. Es kann allerdings auch sein, dass solch eine Botschaft in einem Menschen eine Gegenkraft entwickelt, oder besser, dass der Mensch sich gegen dieses Wort wehrt, das er immer und immer wieder gehört hat. So fängt er an, zu arbeiten, besser und besser und vielleicht sogar der Beste seines Faches zu werden, um es den anderen, vor allem den Eltern, zu zeigen und sagen zu können. „Siehst du, ich kann es doch." Ob so oder so: Das gesprochene Wort hat Kraft.

Es ist wichtig, das nicht zu vergessen. Denn immer wieder höre ich Leute sagen, das seien ja nur Worte. Was heißt hier „nur"? Worte wirken. Sie bauen auf, sie verzerren, sie prägen unsere Wahrnehmung der Realität, sie können zerstören. Was für menschliche Worte gilt, trifft auf Gottes Worte ganz besonders zu. Ein kurzer Ausflug in die Sprache der Bibel wird das zeigen.

Gottes Wort im Alten Testament

Das Wort im Alten Testament hat eine gestaltende Macht. Am Anfang schuf Gott Himmel und Erde. Wie machte er das? Er sprach: „Es werde Licht!", und es wurde Licht. Nicht das Chaos hatte die Macht, sondern sein ordnendes Wort.

Gottes Wort hat Macht und ist weit mehr als „nur" Wort. Ein kleiner Ausflug in die Sprache und Gedankenwelt des Alten Testaments ist hier hilfreich:

Der hebräische Begriff *dbr* für „Wort" ist exakt derselbe Ausdruck wie für die „Sache", das „Ding" oder auch das „Tun". Der Israelit benutzte immer dasselbe Wort: *dbr*. Das ist für Mitteleuropäer seltsam und zeigt etwas von der Schwierigkeit, alte Texte zu übersetzen. Was folgt aus dieser Feststellung in Bezug auf die Denkweise der Israeliten? Es bedeutet, dass im Alten Testament Sprechen und Handeln zwei Seiten der gleichen Medaille sind. Die beiden Aspekte werden wohl unterschieden, aber nicht getrennt.

Das sieht dann für unsere Augen kurios aus. So steht z.B. in 1. Mose 15,1: „Nach diesen Dingen (*dbr*/Plural) geschah das Wort (*dbr*) des Herrn zu Abram."

Das Wort ist schon in dem Moment, da es gesprochen wird, Tat und Ereignis. „Nur Worte", das gibt es nicht im jüdischen Denken. Und wenn Gott ein Wort sprach, in welcher Form auch immer, dann war klar, dass es auch geschehen würde.

„Das Wort geschah“ heißt es deswegen im schon zitierten Satz, aber auch an anderen Stellen des Alten Testaments (z.B. 2. Samuel 7,4). Das Wort geschieht. Das Wort hat Bedeutung und Kraft.

Aus diesem Grund gibt es im Hebräischen auch kein eigenes Wort für Verheißung. Es war überflüssig, denn das Wort Gottes war immer auch Verheißung. Wenn er sprach, war es genug. Es gibt noch andere Ausdrucksweisen für sprechen (z.B. *'mr/amar* bzw. als Nomen: *imrah*). Aber auch hier wird selbstverständlich von der Wirkungsmacht des Wortes ausgegangen.[6]

Sicherlich muss unterschieden werden zwischen dem Wort von Menschen und dem von Gott. Auch das menschliche Wort schafft Realität. Das darf nicht unterschätzt werden, wie ich oben schon gezeigt habe. Aber Gottes Wort hat doch eine ganz andere Dimension. Und das liegt am Autor und Sprecher des Wortes, an seiner Autorität. Gottes Wort ist zuverlässiger und kräftiger als jedes menschliche Wort, weil Gott selbst zuverlässiger und kräftiger ist als jeder Mensch.

> *Denn wie der Regen fällt und vom Himmel der Schnee und nicht dahin zurückkehrt, sondern die Erde tränkt, sie befruchtet und sie sprießen lässt, dass sie dem Sämann Samen gibt und Brot dem Essenden, so wird mein Wort sein, das aus meinem Mund hervorgeht. Es wird nicht leer zu mir zurückkehren, sondern es wird bewirken, was mir gefällt, und ausführen, wozu ich es gesandt habe.*
> *(Jesaja 55,10-11)*

Israels Wohlergehen war vom Regen sehr abhängig, weshalb es so anfällig für den Baalskult war, der Verehrung des Gottes, der für Regen, und das heißt für Fruchtbarkeit, zuständig war. Wir sind heute natürlich schnell bei der Hand zu sagen, dass es ja viel mehr braucht als Regen, nämlich auch gute Nährstoffe, die genetischen Codes in den Körnern und Sonne. Sicher braucht es das. Aber für den Israeliten hing alles am Regen. Der war entscheidend. Vor diesem Hintergrund wird das Prophetenwort verständlich. So wie der Regen wirkt, so wirkt das Wort Gottes, nämlich unwiderstehlich. „Es wird bewirken, wozu ich es gesandt habe."

Für den amerikanischen Theologen Walter C. Kaiser ist das Wort und der Inhalt der „Verheißung" der Schlüssel zum Verständnis des Alten Testamentes.[7] Er arbeitet heraus, wie Gottes Zusagen das zentrale Element des gesamten Alten Testamentes sind.[8] Das gilt auch, wenn das Wort so nicht vorkommt. Aber als „Segen", als „Bundesschluss", als „Bekanntgabe", als „Mitteilung" oder eben „Schwur" trägt Gott die Geschichte dieser Welt, aller Menschen und seines erwählten Volk Israels. Der Gott des Alten Testaments ist ein Gott der Verheißungen.

Gottes Wort im Neuen Testament

Das Neue Testament basiert auf dem Alten. Es setzt also voraus, was im Alten Testament beschrieben, erzählt und gedacht wurde. Jesus und die Jünger waren Menschen, die im jüdischen Denken zu Hause waren. Das ist für uns heute schwer nachzuvollziehen, zumal uns Jesu Worte nicht auf Hebräisch bzw. Aramäisch überliefert sind, sondern in der damals offiziellen griechischen Sprache. Das Wort hat nach meiner Überzeugung auch im Neuen Testament dieselbe Machtwirkung wie im Alten. Obwohl die Welt damals anders aussah und neue Denkströmungen und Lebensstile aufkamen, bleibt die Betonung bestehen, dass Gott durch sein Wort handelt.

Das Johannesevangelium beginnt mit den Worten: „Im Anfang war das Wort, und das Wort war bei Gott, und das Wort war Gott. Dieses war im Anfang bei Gott. Alles wurde durch dasselbe und ohne dasselbe wurde auch nicht eines, das geworden ist" (Johannes 1,1-3).

Das „Wort" ist hier das griechische *logos*. Auch im Neuen Testament wird deutlich, dass das Wort selbst wirkungsvoll ist. Die meisten Ausleger sind sich darin einig, dass mit *logos* Jesus Christus selbst gemeint ist. Deswegen spricht die Theologie von Jesus als „dem Wort Gottes". Johannes schreibt: „Und das Wort wurde Fleisch und wohnte unter uns, und wir haben seine Herrlichkeit angeschaut ..."(Johannes 1,14). Jesus ist das fleischgewordene Wort Gottes. Gott hat sich „inkarniert", kam „ins Fleisch" (carne = Fleisch). Auch hier ist das Wort also geschehendes Wort, Wort in Aktion.[9] Der Hebräerbrief beginnt mit dem berühmten Satz: „Nachdem Gott vielfältig und auf vielerlei Weise ehemals zu den Vätern geredet hat in den Propheten, hat er am Ende dieser Tage zu uns geredet im Sohn“ (Hebräer 1,1-2).

Neben diesem allgemeinen Gebrauch gibt es im Neuen Testament ein spezielles Wort, das für unser Thema wichtig ist: *epangelia,* „Verheißung“, man könnte auch übersetzen: „Ankündigung“, „Zusage“ oder „Versprechen“.

Entscheidend für das Verständnis des Neuen Testaments ist, dass es davon ausgeht, dass Jesus Christus die Erfüllung der bisherigen Schriften und somit auch der Verheißungen ist: „Denn so viele Verheißungen Gottes es gibt, in ihm ist das Ja, deshalb auch durch ihn das Amen, Gott zur Ehre durch uns“ (2. Korinther 1,20). Christus ist die Mitte der Schrift, denn sie läuft auf ihn zu. Die Schriften „sind es, die von mir zeugen“ (Johannes 5,39), sagt Jesus. „Wenn ihr Mose glaubtet, so würdet ihr mir glauben, denn er hat von mir geschrieben“ (Johannes 5,46). Wenn also das zentrale Thema des Alten Testaments die „Zusage“ ist (siehe oben), dann ist Jesus die Erfüllung. Er ist der Dreh- und Angelpunkt!

Die zentrale Bedeutung des Jesus von Nazareth ist nicht hoch genug einzuschätzen (siehe auch Kapitel 5). Er ist das Geschichte gewordene, Geschichte machende und bis heute wirksame Wort Gottes.

Die Bibel ist es, die von ihm berichtet. Deswegen hat die Bibel eine von ihm abgeleitete Autorität. Wir glauben nicht an die Bibel, sondern an Jesus Christus. Das tun wir aber aufgrund der Bibel.

„Der Himmel und die Erde werden vergehen, meine Worte aber werden nicht vergehen“, sagt Jesus (Markus 13,31). Seine Worte haben eine größere Kraft als alles, was wir sehen und spüren und auf was wir uns sonst verlassen. Sie haben diese Autorität, weil er selbst alle Macht im Himmel und auf Erden hat (Matthäus 28,19).

Was aber nützt es mir, wenn ich mich in theoretischen Überlegungen über das Wort, über die Bibel, über Jesus und Gott ergieße, aber seine Kraft nicht erlebe? Wenn eben genau das nicht eintritt, wie es eigentlich gedacht ist, nämlich dass Gottes Wort immer zugleich auch Realität erschafft. Gar nichts. Und so habe ich begonnen, die Worte und Verheißungen der Bibel zu nehmen, zu verstehen und als Kraftquelle zu erfahren.

„HERR, meine Stärke." Dieser Halbsatz reichte an jenem Morgen vor meiner Reise aus, um mir Kraft zu geben. Ich wusste in dem Moment, dass ich mich nicht auf meine eigene Kraft verlassen muss, sondern dass Gott meine Stärke ist. Das ist die Grunderfahrung des Glaubens. Das Leben beruht nicht mehr auf der eigenen Fähigkeit, sondern auf der uneingeschränkten Fähigkeit Gottes.

Durch diese externe Kraftquelle, also eine Kraft, die nicht in mir, sondern in Gott selbst liegt, ist mein Leben anders geworden. Das Wort Gottes ist lebendig und kein totes Prinzip. Gott überrascht uns mit seiner Stärke und gibt. Das heißt jedoch nicht, dass man nicht auch auf seinen Kräftehaushalt achten sollte. Die Reise, die ich damals machte, habe ich gut überstanden, konnte alles erleben, genießen und mich auf die vielen Eindrücke einlassen. Vier Wochen lang. Auf dem Rückflug erlebte ich dann etwas, das ich vorher und nachher niemals mehr erlebt habe. Ich bekam einen kleinen, aber unangenehmen Panikanflug in 10 000 Metern Höhe. Ich hatte das Gefühl, ich müsste aus dem Flugzeug aussteigen, obwohl mir klar war, dass das keine gute Lösung war. Ich wollte nur noch weg, konnte es aber nicht. Eine beklemmende Situation. Nach kurzer Zeit konnte ich dieses Gefühl zum Glück unterdrücken und ignorieren, aber es war ein Warnschuss. Später wurde mir klar, dass das einfach eine seelische Reaktion auf die Erschöpfung war. Ich hatte nun wirklich keine Kraft mehr. Es war alles gut verlaufen, Gott sei Dank. Aber nun sollte ich nicht einfach mit der Verheißung aus Psalm 18,2 in die nächste und wieder die nächste Aktion laufen. Ich sollte ruhen.

Ich schreibe von dieser Erfahrung, um deutlich zu machen, dass Verheißungen auch missbraucht werden können. Das geschieht immer dann, wenn aus ihnen Prinzipien gemacht werden, die einen lebendigen Umgang mit ihnen verhindern. Gott schenkte mir Kraft und überraschte mich vor der Reise. Danach machte er mir durch meinen Körper und meine Seele klar: Jetzt sollst du ruhen.

Viele Jahre später erlebte ich eine persönliche Bekräftigung dieser Verheißung. Als ich eine neue Aufgabe antrat, mit vielen neuen Mitarbeitern zu tun bekam und wieder große Herausforderungen vor mir sah, war ich mit einer Gruppe von Mitarbeitern auf einer Schulung. Am Ende dieser gemeinsamen Zeit kam ein Mitarbeiter auf mich zu und gab mir im Auftrag Gottes genau diesen Vers, diesen halben Vers, wenn man es genau nimmt, auf den Weg. Und weil er Theologie studiert hatte, gab er ihn mir auf einem Blatt Papier in großen hebräischen Buchstaben in die Hand. Das berührte mich sehr. Wollte Gott diese Zusage so intensiv für mich persönlich bestätigen? Es gab Tausende von möglichen Bibelversen! Warum hatte dieser Mann ausgerechnet diesen genommen? Warum hatte er ihn schon kopiert dabei? Ich konnte es als eine Stärkung nehmen, die Gott mir persönlich in dieser Situation geben wollte.

Petrus schreibt, dass Gott uns „die kostbaren und größten Verheißungen geschenkt hat" (2. Petrus 1,4). Dieses Geschenk ist da. Geschenke bleiben überraschend. Von einer weiteren Überraschung erzähle ich jetzt.

Endlich Friede mit Gott

Ich war immer auf der Suche nach Gott – wobei ich das manchmal anders nannte, zum Beispiel „Sehnsucht nach Leben". Oder ich war mir gar nicht klar darüber, dass ich ihn suchte, wenn es mir um Spaß oder Anerkennung ging. Heute behaupte ich, dass ich letztlich Gott suchte.

Ich wuchs in einem römisch-katholischen Umfeld auf, in dem Gott als existent vorausgesetzt wurde. Als Kind und Jugendlicher wollte ich daran glauben und tat es auch. Mit siebzehn löste ich mich dann davon. Ich hatte den Eindruck, dass ich nur deswegen an den „christlichen Gott" glaubte, weil ich eben zufälligerweise in dieser Religion aufgewachsen war. Ich wollte nicht an einen Gott glauben, der nur eine Täuschung oder eine Seelenberuhigung war. Ich suchte in philosophischen Wahrheitsdefinitionen, verlor mich in Nihilismus, suchte in anderen Religionen, in esoterischen Wahrheitsansprüchen und war oft verzweifelt, weil ich keine verbindliche Antwort fand. Einfach zu übernehmen, was man mir vorsetzte, war mir nicht möglich.

Nach meiner Schulzeit absolvierte ich den Zivildienst. Es war gut für mich, etwas Abstand zu den bisherigen Erfahrungen zu bekommen. Der Schichtdienst im Krankenhaus lag mir, die Konfrontation mit konkreten Notsituationen tat der Entwicklung meiner Persönlichkeit gut. In dieser Zeit gab es verschiedene Menschen, die mir von ihrem Glauben an Gott erzählten. Sie betonten dabei sehr die alles entscheidende Bedeutung von Jesus Christus. Zum Beispiel gab es einen Patienten, der mich sehr respektvoll und vertrauenerweckend ansprach. Wichtig in dieser Zeit war aber vor allem ein guter Freund, mit dem mich seit einigen Jahren viel verband: Sport, Musik, die existenziellen Fragen nach Gott und nach Wahrheit und nach Sex und eben allem, was einem in diesem Alter wichtig ist. Er sprach immer wieder von Jesus Christus! Und schließlich war auch in der Gemeinde, die ich während dieser Zeit anfing zu besuchen, immer von Jesus die Rede. Vor allem davon, dass er am Kreuz für uns Menschen starb.

Das waren fremde Formeln für mich, schwer zu verstehen. Was sollte das alles? Ich begriff es nicht. Opfer, Sühne, Sünde – und dann in dem allen immer wieder Jesus Christus.

Damals schrieb ich ab und zu in ein Tagebuch. Im Herbst 1985 steht dort: „Ich glaube, dass mir in der Erkenntnis, was der Tod Jesu bedeutet, noch etwas Entscheidendes bevorsteht!"

Ich verstand also: Der Tod Jesu ist entscheidend! Aber ich hatte noch nicht wirklich begriffen, was es mit ihm auf sich hatte, warum er nötig war. Ich forschte, fragte und hinterfragte, hörte hin und ließ mir etwas sagen. Ich betete, dass Gott mir diesen Glauben schenkt, den ich ja selbst nicht in mir produzieren konnte. Ich bat darum, dass er mir das Verständnis dafür schenkt. In diesen Wochen wuchs ganz klein, ganz langsam ein neuer Glaube. Ich verstand: Offensichtlich ist es um mich, Ansgar Hörsting, so schlecht bestellt, ist meine Trennung von Gott (der Quelle des Lebens) so fundamental, dass es nötig war, dass Jesus Christus, der sündlose Sohn Gottes, die Schuld auf sich nimmt, die Trennung selbst erfährt, indem er an einem Kreuz starb. Offensichtlich, zumindest ist das die Botschaft der Bibel, liegt allein in Jesus Christus das Heil und die alles entscheidende Verbindung zu Gott. Ich fing an, dies zu glauben, ganz langsam und zaghaft.

Dann, eines Morgens im Dezember 1985, schlug ich meine Bibel auf und las Römer 5,1: „Da wir nun gerechtfertigt worden sind aus Glauben, *so haben wir Frieden mit Gott durch unseren Herrn Jesus Christus.*"

Hier stand es schwarz auf weiß. Ich hatte zwar keinen großen Glauben, aber ich glaubte. Mein Glaube war nicht bewährt, nicht abgeschlossen, aber immerhin. Also war ich gerechtfertigt, also hatte ich jetzt Frieden mit Gott. So stand es geschrieben. Basta!

Es war, als sagte Gott zu mir persönlich: „Ansgar, du hast Frieden mit mir. Ich habe selbst dafür gesorgt. Wenn du dich auf Jesus verlässt, wenn du sein Opfer ansiehst und dich an ihn allein bindest, dann *hast du Frieden mit mir*!"

Diese Worte standen plötzlich über meinem Leben wie eine große, neue, heilsame Überschrift. Das hatte ich doch immer gesucht, oder? War nicht meine ganze Odyssee durch die Meere der Religionen und Philosophien eine einzige Suche nach Frieden mit Gott gewesen? Ich hatte es vielleicht anders genannt, aber das war es gewesen. Und nun sagte mir Gott: Du hast Frieden mit mir. Bleib cool. Freu dich. Es ist alles klar.

Mit einem Schlag verstand ich, dass die letzten Worte Jesu am Kreuz: „Es ist vollbracht", genau diese Bedeutung hatten. Der Friede war vollbracht. Jesus hatte seine Mission erfüllt.

Zunächst war das alles gar nicht von großen Gefühlen begleitet. Ich nahm das alles einfach als zutreffende Information auf, so wie man die Bekanntmachung in einer Zeitung liest: „Morgen ist Flohmarkt" –

ah ja, dann kann man ja mal hingehen. „Ich habe Frieden mit Gott“ – okay, dann ist ja alles klar.

Aber mir war auch sofort bewusst: Diesen Jesus Christus, von dem meine Bekannten immer und immer wieder sprechen, den muss ich im Blick behalten. An ihm hängt alles.

Ich hatte kein „Sündenbewusstsein“ im dem Sinne, dass mir einzelne Dinge meines Lebens als Sünde erschienen. Ich litt nicht unter Gewissensbissen, obwohl ich Ladendiebstahl und manche andere Dinge auf dem Kerbholz hatte. Aber das war mir zu dem Zeitpunkt nicht bewusst, das kam erst später. Zu diesem Zeitpunkt war mir nur klar: Ich habe Frieden mit Gott und der Friede hat einen Namen: Jesus Christus.

Das war der Beginn einer einmaligen und spannenden Reise durch ein Leben, das mir bis heute unglaublich viel Freude macht. Ich wollte sofort irgendetwas unternehmen, damit die Nachricht von Jesus Menschen erreicht. Und ich tat es mit neuen Freunden, die ebenfalls mit Jesus lebten. Wir gingen in die Fußgängerzone und suchten den Kontakt mit Passanten, wir starteten Bibelstunden im Asylantenheim, wir beteten, damit andere auch begriffen, was wir erkannt hatten. Die Jugendarbeit der Gemeinde wurde sofort zu einer neuen Heimat und einem Betätigungsfeld. Die Botschaft von Jesus musste erklärt, verkündet, geglaubt und gelebt werden.

Bereits nach wenigen Wochen trat ich aus der römisch-katholischen Kirche aus. Ich hatte den Eindruck, dass durch die zu starke Betonung auf das Sakrament der Taufe und die Heilsbedeutung der Kirche als Institution etwas – ob gewollt oder ungewollt – geschieht, was mir geradezu gefährlich erschien, dass nämlich die zentrale Bedeutung des Glaubens allein an Jesus Christus unterdrückt wird. Meine Sorge war, dass viele Menschen durch die Kirchenmitgliedschaft und durch die Vermittlung einer Heilssicherheit innerhalb der „Mutter Kirche“ von Jesus geradezu abgehalten werden. Das erschien mir letztlich lebensgefährlich zu sein, zumindest was das ewige Leben betrifft. Menschen wurden um das Heil gebracht. Ich selbst hatte doch die zentrale Botschaft von Jesus Christus erst nach langen Umwegen und Irrwegen gehört und verstanden, dass der Glaube als Reaktion des Menschen wichtig ist. Ohne diesen Glauben gibt es kein Heil, egal welche religiösen Betätigungen oder Sakramente praktiziert werden.

Inzwischen sind viele weitere Erkenntnisse und differenzierte Sichtweisen hinzugekommen. Ich habe Stärken und Schwächen verschiedener Traditionen kennengelernt. Ich schätze römisch-katholische Christen, die Jesus als zentrale Person des Glaubens erkannt haben. Und ich bin in meiner Beurteilung zurückhaltender geworden und finde in der römisch-katholischen Tradition Schätze, von denen ich mich nicht ausschließen will. Zum Beispiel habe ich Hochachtung davor, wie in den traditionellen Kirchen (auch den orthodoxen) Gott im Zentrum steht und nicht der Mensch. Ich schätze es, dass es deswegen manchmal zu sperrigen Aussagen vonseiten der Kirche kommt. Mehr noch: Ich sehe mich heute als katholischen Christen, im Sinne von „allgemein", denn ich gehöre zur allgemeinen und weltweiten Gemeinde oder Kirche von Jesus Christus, die seit 2000 Jahren besteht und von Jesus selbst gebaut wird. Sie ist nach meiner Überzeugung in vielen Kirchen, Gemeinden und Traditionen zu finden.

Und zugleich verstehe ich Gemeinde als Gemeinschaft von Glaubenden. Das ist die Grundidee des freikirchlichen Gemeindemodells. Gott ruft zum Glauben, Gott schafft Frieden und die, die diesen Frieden annehmen, sind Teil von Gottes Gemeinde. So verstehen wir das Neue Testament.

Aber auch Freikirchen haben ihre Schwächen. Eine davon ist mir in den letzten Jahren immer wieder begegnet. Sie besteht in der Kehrseite der Medaille, dass wir den persönlichen Glauben so wichtig nehmen. Während die römisch-katholische Kirche (und in manchen Teilen auch die evangelischen Landeskirchen) den „Glauben der Kirche" betonen, erwarten und erhoffen wir einen Glauben des Einzelnen. Das halte ich auch für richtig. Gleichzeitig ist die negative Kehrseite, dass für viele dieser Glaube sehr anstrengend ist. Sie fragen sich dann: Glaube ich gut genug, stark genug, richtig genug? Dadurch entsteht ein angestrengter Glaube und anstrengende Gläubige, manchmal auch anstrengende Gemeinden und somit Leute, die irgendwann alles über Bord werfen, weil sie müde sind.

Hier kommt wieder Römer 5,1 ins Spiel und der Grund, warum ich dieses Buch schreibe. Sicher, Glaube ist gefragt, aber wichtiger ist, dass Glaube immer auf etwas gegründet ist. Die Grundlage ist wichtiger als der Glaube.

Die Grundlage ist: Jesus Christus, sein Leben, sein Tod, seine Auferstehung.

Die Grundlage ist: Gottes Wort, die Bibel, die uns davon erzählt und das übermittelt.

Die Grundlage ist: „Wir haben Frieden mit Gott durch unseren Herrn Jesus Christus."

Denken Sie an den ersten Knopf!

Der Glaube folgt diesen Grundlagen. Er schaut nicht auf sich selbst, sondern auf Jesus Christus. Er hat sich nicht selbst zum Gegenstand, sondern Gottes Wort. Glaube sagt: Ich habe Frieden mit Gott, weil Gottes Wort es sagt, nicht weil ich es empfinde oder meine. Glaube hat Jesus Christus zum Inhalt und ist gleichzeitig Vertrauen in ihn als Person, ist lebendige Beziehung mit ihm durch den Heiligen Geist.

Diese Grundlagen sind die Fakten! Das Wort „Fakten" kommt aus dem Lateinischen. *Facere* heißt „tun", *factum* ist das „Getane", das, was geschehen ist. Es ist eben ein *factum,* dass in Jesus Christus Frieden gemacht ist. Ich will mich an diese Fakten halten und nicht an meine Gefühle. Ich halte mich auch nicht an meinen Glauben, der ist labil. Ich halte mich mit meinem Glauben an die Fakten, das ist ein großer Unterschied.

Wie viele halten sich an sich selbst – und sind deswegen nicht gehalten? Das gilt es dringend zu überwinden! Glaube darf auch mal anstrengend sein, soll überwinden, ist Kampf, aber nicht nur.

Exkurs – fünfhundert Jahre vorher

Der Reformator Martin Luther verließ sich nicht auf das riesige und mächtige System namens „römisch-katholische Kirche", obwohl er sich zunächst als treuer Mönch dieser Kirche sah. Auf der Suche nach einem gnädigen Gott und bei seinem Bemühen, die Bibel zu verstehen, kam er zu Erkenntnissen, die er für verschüttet, aber ganz im kirchlichen Sinne hielt. Luther fing an, sich auf die Zusage[10] Gottes zu verlassen.

In seinem berühmt gewordenen Gespräch mit dem römischen Kardinal Thomas Cajetan im Oktober 1518 in Augsburg bestand Luther darauf, dass Glaube bedeutet, sich auf Gottes Zusagen zu verlassen und darin vor Gott gerechtfertigt zu sein. Das Streitgespräch wird von manchen Theologen als der Kristallisationspunkt der Reformation betrachtet. Schon vorher und auch später wurden Argumente ausgetauscht, aber hier standen sie sich gegenüber, Auge in Auge: die mächtige Weltkirche mit ihrem Gesandten Cajetan und das „kleine Mönchlein" – der umstrittene Professor Luther. Dieser sollte seine Thesen widerrufen, aber das tat er nicht. Im Gegenteil. Er bestand darauf, dass zum Sakramentsempfang Glaube nötig sei und dass dieser Glaube zur Gewissheit führe. Diese Gewissheit des Glaubens schenke Heil, unabhängig von einer heilsvermittelnden Instanz – und sei es die Kirche selbst. Cajetan meinte, damit werde eine neue Kirche geschaffen[11], die mit den Traditionen bricht. Das wollte Luther nicht, aber am Ende führte es tatsächlich dazu. Für Luther ist Glaube nicht nur Mitglauben mit der ganzen Kirche. Der einzelne Mensch ist angesprochen, der durch den Heiligen Geist glaubt. Die Kirche hatte sich in ihrem Stellvertreterstellungsanspruch zu einer Macht aufgeschwungen, die den einzelnen Gläubigen verdrängte und somit, und das ist wohl die ätzendste Kritik, denjenigen, den sie meinte zu repräsentieren: Christus selbst. Das war harter Tobak.

Luthers Art zu denken und zu glauben ist eingebunden in eine große Geschichte. Er war nicht der einzige und auch nicht der erste, der so dachte. Aber er wurde zu einem Punkt der Geschichte, in dem vieles zusammenfloss, was auch andere beschäftigte.

Seit Luther stellt sich die Frage: Wenn nicht die Institution Kirche letzter verlässlicher Grund sein kann, worauf können wir dann bauen? Luthers Antwort: auf *Christus* selbst, wie er uns in der Heiligen *Schrift* offenbart wird. Durch *Glauben* empfange ich die *Gnade*, die mich rechtfertigt. In diesem Konzentrat sind die vier sogenannten „soli" der Reformation enthalten: solus Christus, sola scriptura, sola fide, sola gratia.

All diese Streitigkeiten drehen sich letztlich um die Stellung und Bedeutung der Zusagen Gottes. Sind sie vage? Oder kann ich mich auf sie verlassen? Braucht es noch anderes über sie hinaus? Braucht es Institutionen, Vermittler oder andere Instrumente, durch die ich erst am Heil Gottes teilhaben kann? Braucht es bestimmte Frömmigkeitsformen oder anderes? Die großartige Leistung der Reformation ist: Sie hat das ins Zentrum zurückgestellt, was ins Zentrum gehört – die wirkungsvolle und mächtige Verheißung Gottes in Jesus Christus.

In meinem Leben hat sich gezeigt, dass Gottes Wort Macht hat. Es hat mich verändert. Ich habe auf diese Weise die Kraft des Glaubens erfahren. Danach hat sich mein Leben in eine unglaublich schöne und spannende Achterbahnfahrt verwandelt.

Kapitel 3

Real

Gottes Zusagen schaffen eine neue Wirklichkeit

Als frisch Bekehrter war ich ziemlich ahnungslos, was christliche Fragen anging, und erst recht in Sachen „Bibelübersetzung". Ich hatte als Kind eine Kinderbibel gehabt; das war schon revolutionär. In der Schule wurden Bibeln für den Religionsunterricht verteilt und ich nahm wahr, dass die Vielfalt an deutschen Übersetzungen groß ist. Als ich dann den Glauben entdeckte, fragte ich mich und andere, welche Bibel ich denn lesen sollte. Konnte ich irgendeine nehmen, mit welcher gab es gute Erfahrungswerte?

Im Herbst 1985 war gerade die Elberfelder Bibel in einer revidierten Fassung erschienen. Da ich in Haan/Rheinland, nur wenige Kilometer vom herausgebenden Verlag entfernt lebte, kannte ich einige Leute, die dort arbeiteten. So lag es nah, dass mir diese Bibelausgabe empfohlen wurde. Ich kaufte mir also meine erste Elberfelder Bibel. Diese Übersetzung hat drei Merkmale: Erstens liegt ihr ein möglichst wortwörtlicher Übersetzungsstil zugrunde, der sprachlich nicht immer schön, aber doch recht genau ist. Zweitens werden Übersetzungsvarianten oder unsichere Textstellen in Fußnoten angegeben. Drittens ist das Parallelstellenverzeichnis, durch das man verwandte Bibelstellen schnell finden kann, sehr ausgeprägt. Ich stürzte mich mit Begeisterung in die Lektüre und las wissbegierig, was Gott mir durch die Bibel zu sagen hatte.

Nun hatte ich in der Gemeinde ab und zu ein Segenswort gehört, das in der Regel beim Abschluss der Gottesdienste gesprochen wurde und sich mir eingeprägt hatte. Es lautete: „Der Friede Gottes, welcher höher ist als alle Vernunft, bewahre eure Herzen und Sinne in Jesus Christus." Wie schön! Der Friede Gottes, ja, der sollte mich bewahren und bestimmen. Ich verstand dieses Wort als Wunsch, der im besten Fall in Erfüllung ginge.

In meiner Elberfelder Bibel las ich jedoch eines Tages folgenden Text: „Seid um nichts besorgt, sondern lasst in allem durch Gebet und Flehen mit Danksagung eure Anliegen vor Gott kundwerden, und der Friede Gottes, der allen Verstand übersteigt, wird eure Herzen und eure Gedanken bewahren in Christus Jesus" (Philipper 4,6-7).

Ich stutzte. Das klang zunächst wie das Segenswort aus den Gottesdiensten, aber war doch ein wenig anders. Was hatte das zu bedeuten? Ein Blick in eine Lutherbibel machte mir klar, dass die Gottesdienstversion daraus entnommen war. Mir fiel beim Vergleich einiges auf:

Erstens stand in der Elberfelder Bibel nicht nur ein Wunsch, sondern eine klare Zusage: Der Friede Gottes wird eure Herzen und Gedanken bewahren. Er wird es, er möge es nicht nur. Um es einmal in grammatikalischen Fachwörtern zu sagen: Hier steht ein Indikativ, kein Konjunktiv.

Zweitens war diese Zusage gekoppelt an den Satz davor (Vers 6), in dem Paulus dazu auffordert: Seid um nichts besorgt, betet mit Flehen und Dank. Das bedeutet also: Wer das tut, den wird der Friede Gottes bewahren. Es gab eine Voraussetzung für die Zusage des Friedens.

Drittens ging es offensichtlich nicht um das grundlegende Verhältnis zwischen Gott und mir, denn es war ein für alle Mal geklärt, dass Frieden bestand und keine Feindschaft mehr. Es ging hier um einen Frieden, der mich, meine Gefühle und Gedanken, mich als ganze Person erfüllt.

Ich erkundigte mich bei Leuten, die das Neue Testament auf Griechisch lesen konnten. Es bestätigte sich sehr schnell, dass die Elberfelder Bibel hier einen hilfreichen und wichtigen Aspekt deutlich machte, der in der bekannten Lutherübersetzung verloren ging. Denn Luther setzte einen Punkt zwischen Vers 6 und 7. Und er formulierte im Konjunktiv. Mir wurde erklärt, dass das Neue Testament in den Urschriften gar keine Satzzeichen kannte. Sie wurden erst später hinzugefügt, aber zwischen Vers 6 und 7 gab es niemals eine starke Trennung, sondern im Gegenteil bestand ein starker Zusammenhang. Seitdem schaue ich mir in neu erscheinenden Bibelübersetzungen und -übertragungen immer an, wie sie mit Philipper 4,6-7 umgehen.

Warum ist das so wichtig?

Mir geht es nicht um die Bibelübersetzungen an sich, sie haben alle ihre Stärken und Schwächen. Ich will auch keineswegs dafür eintreten, man dürfe am Ende des Gottesdienstes nicht die bekannte Lutherversion als Segenswort verwenden. Es geht mir darum, an diesem Beispiel zu verdeutlichen, wie wir den Umgang mit Zusagen Gottes lernen können. Es geht mir darum zu unterstreichen, dass sie feststehen und nicht vage sind. Sie sind im Indikativ, nicht im Konjunktiv verfasst.

Man könnte ja sagen, dass ich mit meinen Betrachtungen zur Zeichensetzung und Grammatik etwas haarspalterisch daherkomme. Wer will sich schon in solche Tiefen begeben? Das kann ich verstehen. Aber dahinter steckt etwas, das unser Leben verändern kann. Wenn wir Gottes Zusagen nur vage nehmen, bleibt immer eine Unsicherheit. Wenn wir Gottes Wort nur im Konjunktiv lesen, hat es keine Kraft. Es gilt, eine immer weiter um sich greifende Unsicherheit zu überwinden. Ich habe im einleitenden Kapitel beschrieben, wohin permanente Unsicherheit führt. Doch Gottes Wort lässt uns nicht in permanenter Unsicherheit schweben, sondern macht uns gewiss!

Segensworte

Es gibt viele Anlässe, bei denen in Gemeindegruppen, in Gottesdiensten oder auch im persönlichen Gespräch miteinander gebetet wird. Manchmal wird dann auch angekündigt, dass ein „Segen" gesprochen wird oder ein „Segensgebet". In diesen Gebeten höre ich sehr häufig Formulierungen wie: „Gott gebe dir dies und jenes", oder: „Er erfülle dich mit diesem oder jenem." Sehr bemerkenswert ist auch diese Variante, zum Beispiel bei der Einsegnung eines Pastors: „Ich wünsche dir, dass Gott dir ein Herz für den Bastelkreis gibt." Daran wird deutlich, dass hier eher die Wunschliste des Sprechers zum Besten gegeben, und dem Pastor, eingewickelt in einen Wunsch, untergejubelt wird, was demnächst bitteschön auf seiner Agenda stehen sollte. Was ich jedoch eher selten höre, sind Worte der festen und gewissen Zusage: „Gott erfüllt dich mit Heiligem Geist. Gott segnet dich. Gott schenkt dir seinen Frieden."

Ich weiß, dass solch ein direkter Zuspruch missbraucht werden kann und dies auch geschieht. Ich weiß, dass solch eine Zusage als anmaßend empfunden werden kann und auch anmaßend ist, wenn sie von Menschen ausgesprochen wird, die aus dieser direkten Rede einen eigenen Machtanspruch ableiten, die sich gefallen in ihrer angeblichen Vollmacht. Ich weiß auch, dass in einem konjunktivisch gesprochenen Segen genauso viel Vertrauen liegen kann wie in einem indikativischen. Aber es ist in dieser Sache wie mit allen guten Dingen: Es findet sich immer jemand, der sie missbraucht. Wir sollen uns davon den guten Gebrauch nicht verderben lassen.

Ich lese in der Bibel, dass wir von Gott dazu berufen sind, zu segnen. Wir sprechen „gute Worte" (*eulogios* – „gutes Wort" = Segen) über jemandem aus. Wenn das im Geiste Jesu geschieht und er seinen Auftrag dazu gegeben hat, dann ist Gottes Segen nicht vage, sondern gewiss. Ein Christ, der unter der Herrschaft Jesu steht und sich demütig darunterstellt, darf indikativisch segnen. Ich bin der Überzeugung, dass der Sprachgebrauch schließlich auch unser Denken langfristig prägen und verändern wird.

Aber mir kommt es in diesem Kapitel noch auf etwas anderes an, das wir oft übersehen: Durch die Zusagen Gottes entsteht eine neue Wirklichkeit. Der Segen wird kommen und da sein. Die Worte der Zusagen werden die Realität verändern, denn sie schaffen Realität. Gottes Wort wirkt! Gottes Zusagen verändern. Deswegen ist dieser kleine Hinweis von so großer Bedeutung. Das übervorsichtige Reden im Konjunktiv ist oft nicht Zeichen unserer Demut (das kann auch sein, und dann habe ich großen Respekt davor), sondern Zeichen unserer Ungewissheit, unseres Unglaubens. Die Bibel – hier der Philipperbrief – sagt auf jeden Fall: Der Friede Gottes wird uns bewahren. Wunderbar!

Ich habe schon festgestellt, dass die Zusage in diesem Fall eine Bedingung hat: Betet, werft eure Sorgen auf Gott, dankt, fleht. In Kapitel 6 dieses Buches werde ich mich intensiver mit der Tatsache beschäftigen, dass es teilweise Bedingungen zu den Zusagen Gottes gibt. Sie sind nicht (immer) einfach so zu haben. Der Friede Gottes kehrt dann bei uns ein (Zusage), wenn wir lernen zu beten (Bedingung).

Auf dieser Grundlage kann Paulus schreiben: „Freut euch in dem Herrn allezeit! Wiederum will ich sagen: Freut euch!" (Philipper 4,4). In der Wirklichkeit Gottes und seines Friedens können wir uns freuen.

Wie verändert sich die Wirklichkeit? Inwiefern schaffen die Zusagen Gottes eine neue Realität? Oder ist das nur Einbildung?

Veränderte Wirklichkeit – mikroskopisch

Zunächst schaffen Worte, und so auch Gottes Worte, eine Wirklichkeit beim Hörer. Wenn wir etwas hören, hinterlässt es eine Spur im Gehirn. Wie tief diese Spur ist, hängt von vielen Faktoren ab. Höre ich etwas sehr häufig, wird die Spur tiefer. Verbindet sich das Gehörte mit anderen Eindrücken (riechen, sehen, spüren), kann es sich noch stärker einbrennen. Was wir als Kinder hören, bleibt häufig ein Leben lang eingeprägt.

Spuren im Gehirn sind einerseits chemische Verbindungen und andererseits die Verknüpfung und Formung von Hirnzellen und -strukturen. Sie codieren unsere Sinneswahrnehmungen. Das, was die Hirnforschung heute genauer beschreiben kann, ist schon lange Teil unseres Sprachgebrauchs: Wir „prägen" uns etwas ein. Prägung geschieht eigentlich durch Siegel oder Prägestempel. Im Gedächtnis bedeutet das, dass Spuren in unserem Erinnerungsvermögen hinterlassen werden. Das Gehirn wird tatsächlich geprägt. Nicht nur durch Worte, das ist klar, aber auch.

Deswegen kann ich auch von Spuren im Gehirn sprechen. Spuren gibt es auf Wegen oder in Landschaften. Fährt ein Traktor oft über einen nicht asphaltierten Weg, ergeben sich tiefe Rillen. Je tiefer sie sind, desto schwerer kann man aus ihnen ausscheren. Es ist erwiesen, dass wir in unserem Denken sehr bald unseren „ausgetretenen Wegen“ folgen. Auch unser Hirn ist ein „Gewohnheitstier“.

Wenn Worte mit Musik verbunden werden, können wir sie leichter behalten. Ich staune immer wieder darüber, dass ich die Lieder der „Beatles“ bis heute mitsingen kann. Sie haben sich mir tief eingeprägt. Psalmen kann ich mir besser merken, wenn ich sie in Liedern gesungen habe. Es ist der beste Weg, sich Bibeltexte zu merken.

Wenn wir also die Zusagen Gottes hören, verändert sich bereits im ganz Kleinen die Wirklichkeit. Es ist zunächst nur „unsere Wirklichkeit“. Aber immerhin. Durch Wiederholung kann unser Denken dann langfristig und tief greifend verändert werden. Die Struktur des Gehirns kann sich verändern. Das ist messbar.

Wenn ich nur die aktuellen und oft fürchterlichen Nachrichten auf mich wirken lasse, nur die negativen Botschaften wahrnehme, wenn ich nur die kritischen Stimmen zu einer Sache höre, dann verändert das die Art, wie ich denke, wie ich diese Welt sehe und wie ich lebe. Viele von uns sind durch die lauten und dominanten Töne geprägt.

Die Reaktion darauf kann sicherlich nicht sein, sich nur noch gute Botschaften anzuhören und alles andere zu ignorieren, wie es manche empfehlen. Aber eine Auswahl, eine bewusste Auseinandersetzung mit dem, womit wir uns umgeben, ist heute unbedingt nötig. Ich hatte schon auf die Informationsflut unserer Zeit hingewiesen. Damit müssen wir umgehen lernen. Wenn wir alles ungefiltert aufnehmen, wirkt das bedrückend.

Und dann kommt es auf die Art an, wie wir diese Flut auf uns wirken lassen. Immer wieder erstaunlich ist es für mich, dass Jesus seinen Jüngern schon vor 2000 Jahren in einer Rede über die „letzten Tage“ reinen Wein einschenkte. Er sagte, dass es Kriege, Kriegsgeschrei, Hungersnöte, Seuchen und Erdbeben, Verführung und Verfolgung geben werde. Und mitten hinein forderte er sie auf: „Erschreckt nicht“ (Matthäus 24,6). Denn er stellte all dies in einen größeren Zusammenhang: Gott wird diese Welt vollenden! Das ist die Richtung, das soll uns prägen, auch unser Denken!

Wenn ich in diesem Buch über die Verheißungen Gottes schreibe, bin ich überzeugt, dass sie unser Leben – und eben unser Gehirn – tief prägen sollen. Hat ein Mensch über Jahre gelernt: „Du bist nichts wert“, „Du musst dich mehr anstrengen, um vor Gott (oder vor den Menschen) bestehen zu können“, „Dein Körper ist der Inbegriff an Hässlichkeit oder an Sündhaftigkeit“; hat er gelernt, dass alles Mühen nichts bringt, dass er ein Versager ist und bleiben wird; hat er gelernt, dass Menschen nicht zuverlässig sein können, dass es überhaupt keine Treue und Verlässlichkeit gibt, dann prägt all das tief greifend seine Persönlichkeit.

Selbstverständlich prägen auch gute Botschaften den Menschen. „Du schaffst das!“ oder: „Du hast es auf jeden Fall versucht und das ist besser, als in der Ecke sitzen zu bleiben!“ Solche Worte ermutigen. Wenn Eltern dem Heranwachsenden zu verstehen geben:„Du bist wertvoll, egal, ob du meiner Meinung bist oder nicht!“, stärkt ihn das und macht ihn experimentierfreudig.

Kann man Neues lernen? Untersuchungen haben ergeben, dass viele Menschen der Meinung sind, sie würden sich nur noch in sehr geringem Umfang ändern können. Entweder wollen sie es nicht oder sie meinen, es ginge nicht. Das nennt man auch die „Ende der Geschichte“-Illusion.[12] Dabei ist jedoch erwiesen, dass wir uns stärker ändern können, als wir meinen.

Die gute Botschaft lautet also, dass wir uns, unser Denken, ändern können. Manchmal ist es mühsam. Je tiefer die Spuren sind, desto schwieriger wird es. Aber die Beispiele vieler zeigen, dass es geht. Ich kenne Menschen, die Hass abgelegt haben; sie konnten anderen vergeben und wurden dadurch selbst frei. Mein eigenes Leben ist für mich ein Beispiel für die Möglichkeit, dass sich ein Mensch verändern kann (siehe auch Kapitel 12).

Wichtig in diesem Zusammenhang: Wir müssen Gottes Zusagen an uns heranlassen. Sein Wort sagt Sachen wie diese: „Fürchte dich nicht, denn ich habe dich erlöst! Ich habe dich bei deinem Namen gerufen, du bist mein“ (Jesaja 43,1). Wenn ein Mensch diese Zusage aufnimmt, dann wird er sich verändern. Er wird sich weniger fürchten. Er weiß, dass er Gott gehört und Gott sich kümmert.

„Nahe ist der HERR denen, die zerbrochenen Herzens sind, und die zerschlagenen Geistes sind, rettet er" (Psalm 34,19). Jemand, der diese Zusage hört und ihr vertraut, der wird sich, wenn er ganz unten und zerschlagen ist, nicht mehr weit von Gott entfernt fühlen, sondern wird verstehen, dass Gott gerade dann nahe ist. Unser normales Denken funktioniert da anders. Wir meinen (mehr oder weniger oft), Gott sei denen nahe, die erfolgreich, gesund und gut drauf sind. Die Zusagen Gottes aber sagen das Gegenteil. Wer das aufnimmt, dessen Denken wird sich verändern und er wird sich selbst mit anderen Augen sehen, nämlich mit den Augen Gottes.

Besonders gut gelingt die Veränderung von Denkstrukturen, wenn die Zusagen Gottes einhergehen mit guten Erfahrungen mit Menschen. Deswegen ist Gemeinschaft so wichtig. Wenn dort Liebe und Verlässlichkeit erlebt wird, dann wird es auch leichter, das Wort von der Verlässlichkeit Gottes zu glauben. Da verbindet sich Gehörtes mit Erlebtem, und so kann eine neue Art zu denken noch leichter entstehen. Deswegen ist Gemeinde so wichtig!

Wenn ich die Zusagen Gottes wichtiger nehme als die Bedrohungsszenarien um mich herum, werde ich anders leben. Ich werde gelassener sein, zupacken können, kreativ und fröhlich. Auf der Seite 124 werde ich etwas zur Bedeutung vom Auswendiglernen schreiben. Der Hintergrund für diesen Exkurs bildet das Gehirn des Menschen und das, was Gott sich dabei gedacht hat.

Eine entscheidende Frage bei allem ist: Was lasse ich an mich heran? Was prägt mich?

Veränderte Wirklichkeit – unsichtbar

Um uns herum besteht eine Wirklichkeit, die keiner sehen kann. Radiowellen, Funkverbindungen, W-LAN, Luftströme und Handywellen, all das sehen wir nicht, und es ist doch da und hat enorme Auswirkungen. Man braucht nur das entsprechende Empfangsgerät, um aus den unsichtbaren Wellen sicht- oder hörbare Ereignisse zu machen. Warum fällt es uns dann eigentlich so schwer, an eine unsichtbare geistliche Wirklichkeit zu glauben und sie wahrzunehmen? Fehlen uns da die Antennen? Die Bibel berichtet uns von Dämonen, von Satan, von Engeln und vom Heiligen Geist. Sie erzählt von einer Realität, die hinter dem Augenscheinlichen steht.

Ich muss gestehen, dass ich selbst keine besondere Antenne für diese Welt habe. Das ändert aber nichts an meinem Glauben daran, dass es sie gibt. Ich kenne Menschen, die da viel sensibler sind. Das ist nicht nur eine Gabe, sondern auch eine Last. Sie sind wie Seismografen für die unsichtbare Wirklichkeit, und das ist eine hohe Verantwortung.

Im Namen Jesu etwas zu sagen, verändert nicht nur unsere Gehirnstruktur, sondern es verändert die unsichtbare Wirklichkeit. Beten verändert sie. Aber auch, sich den Lügen Satans zu verschreiben, verändert die unsichtbare Wirklichkeit.

Auf das Thema dieses Buches bezogen heißt das: Es verändert die unsichtbare Welt, wenn ich im Namen Jesu die Verheißungen Gottes ausspreche. Sie müssen von der unsichtbaren Welt, die um mich herum existiert, zur Kenntnis genommen und akzeptiert werden.

Wir Westeuropäer haben keinen starken Bezug zu dieser Welt. In anderen Kulturkreisen wird sie jedoch selbstverständlich vorausgesetzt. Aber auch bei uns nimmt das Gespür dafür zu. Ich höre in der letzten Zeit immer mehr die Formulierung, dass in einem Raum „Energie" sei. Woher auch immer das diese Leute nehmen. Sie spüren das eben.

Wenn ich in einem Gottesdienst oder auch zu Hause den Segen ausspreche: „Der Friede Gottes wird uns bewahren in Jesus Christus", dann entsteht dadurch eine neue Wirklichkeit.

Wenn die Kinder aus dem Haus gehen und wir sie segnen, entsteht eine neue Wirklichkeit.

Wenn ich mich lossage – und es wirklich laut ausspreche – von den einengenden, mir die Luft raubenden Gedanken oder Druckszenarien, die mich im Alltag niederdrücken, wenn ich mich lossage und mich unter die Herrschaft Jesu, des guten Hirten stelle, dann bin ich frei! Dann hat sich etwas verändert. Nicht nur etwas in meiner eigenen Wirklichkeit (also in meinem Gehirn), nein, die unsichtbare Wirklichkeit hat sich geändert. Satan, der Feind des Lebens, ist in seine Grenzen verwiesen.

Der Hebräerbrief bietet eine Definition von Glauben, wohl als einzige Schriftstelle in dieser Konzentration: „Der Glaube aber ist eine Verwirklichung dessen, was man hofft, ein Überführtsein von Dingen, die man nicht sieht" (Hebräer 11,1). Eine „Verwirklichung" – man kann auch übersetzen, eine „Grundlage", eine „feste Zuversicht" (LUT), ein „Rechnen mit der Erfüllung" (NGÜ). Der gemeinsame Nenner ist, dass Glaube, wenn er fest ist, in eine neue Wirklichkeit mündet. Das anschließende Kapitel 11 des Hebräerbriefes illustriert, was damit gemeint ist: Die „Glaubensväter und -mütter", die dort aufgelistet werden, haben eins gemeinsam. Sie vertrauten dem Wort Gottes – und das so fest, so gewiss, dass sie in ein neue Wirklichkeit, eine Glaubenswirklichkeit eintauchten. Und weil sie das taten, wurde Abels Opfer angenommen, Henoch entrückt, baute Noah die Arche, zog Abraham in ein unbekanntes Land und war später bereit, seinen Sohn zu opfern. Sogar die Mauern Jerichos fielen durch Glauben, so sagt es der Brief. Die Glaubenshelden hatten noch nicht bekommen, was verheißen war (Vers 39), aber sie lebten doch schon in einer neuen Wirklichkeit. Diese Wirklichkeit war zunächst unsichtbar, selbst wenn der Glaube später sichtbare Folgen hatte. Der Glaube sieht mehr, er blickt durch.

Veränderte Wirklichkeit – makroskopisch

Gottes Wort verändert nicht nur mikroskopisch in unserem Gehirn und in der unsichtbaren Welt etwas; es gibt darüber hinaus eine Fülle von Beispielen, wie sich durch veränderte Menschen und veränderte geistliche Kräfte auch gesellschaftlich, also makroskopisch, Dinge verändern.

Das überrascht nicht. Je mehr Menschen neu denken und mit Gottes Macht rechnen, desto größer wird die Wahrscheinlichkeit, dass sie auch die sichtbare Wirklichkeit verändern.

Der amerikanische Soziologe Rodney Stark hat untersucht, wie es eigentlich dazu kam, dass die Religion der Christenheit einen solch großen und durchschlagenden Erfolg in der Menschheits- und Kulturgeschichte hatte.[13] Warum konnte sie zu einer Bewegung werden, die Europa schließlich dominierte? Auf der Suche nach Antworten werden in der Regel Ereignisse wie die kopernikanische Wende angeführt, als das Christentum sich mit der politischen und militärischen Macht verband. Oder es wird postuliert, dass die Verbindung des orientalischen Jesusglaubens mit der hellenistischen Philosophie der ganzen Sache erst richtigen Auftrieb gegeben habe. Ein Soziologe fragt jedoch eher nach soziologischen, also gesellschaftlichen Prozessen. Dabei hat Rodney Stark festgestellt, dass es vor allem Christen waren, die in den grassierenden Epidemien der ersten Jahrhunderte bei den dahinsiechenden Kranken blieben, während sich die meisten anderen in Sicherheit brachten, die Städte verließen und aufs Land oder in die Berge zogen. Die Christen pflegten, heilten und standen bei. Dieses Verhalten habe so imponiert, dass dadurch eine Offenheit für den christlichen Glauben entstanden sei.

Der englische Parlamentarier William Wilberforce war es, durch dessen jahrzehntelangen Einsatz die Sklaverei in England, später auch in anderen Ländern verboten und abgeschafft wurde. Wilberforce war bekennender Christ (sogenannter Methodist, was zunächst als Schimpfwort galt). Er war ein geschickter Diplomat, beharrlicher Akteur und begnadeter Redner. Und er verstand es, sein politisches Ziel mit Menschen zu verfolgen, die keinen christlichen Hintergrund hatten. Dennoch war er eindeutig motiviert durch die Überzeugung, dass Gott auch die „Neger“ geschaffen und mit derselben Würde ausgestattet hatte. Er war es, der durch seine immer wieder eingebrachten Parlamentsanträge die Diskussion anfachte. Er nutzte seinen Einfluss, um eine große Veränderung ins Rollen zu bringen.

Das sind makroskopische Veränderungen. Gemeinde und Glauben ist nicht nur dafür da, dass Menschen gerettet werden. Das auch, aber eben nicht nur! Gott baut seine Gemeinde und ruft Menschen in die Gemeinschaft mit sich, damit sie ein Segen sind, auch im größeren Sinne. Dafür brauchen wir Menschen, die das erkennen; Christen, die aus der Kraft der Verheißung leben und mit dieser Kraft größere

Veränderungsprojekte angehen; Menschen, die groß von Gott denken und deswegen auch Großes von ihm erwarten.

Grenzen von Veränderung

Veränderung hat jedoch auch Grenzen. Die eine Grenze ist die Tiefenstruktur einer Persönlichkeit. Je tiefer ein Mensch geprägt ist, desto mehr gehört diese Prägung einfach zu ihm. Das gilt es, zu akzeptieren und dabei gleichzeitig die Schönheiten und den Wert der Prägungen zu erkennen. Ich neige zum Beispiel dazu, mich für alles und jeden verantwortlich zu fühlen. Geht etwas auf dieser Welt schief, frage ich mich sofort, ob ich daran etwas ändern könnte. Schuld einzugestehen fällt mir meist nicht so schwer. Manchmal kann es aber auch geschehen, dass ich Schuld auf mich nehme, die da gar nicht hingehört. Das ist natürlich übertrieben und muss verändert werden. Teilweise ist das schon gelungen. Aber immer noch bin ich ein Mensch, der eher Verantwortung übernimmt als andere. Und das ist ja nicht nur schlecht, weil es solche Leute braucht.

Aus einem stillen Menschen muss kein Klassenclown werden. Wenn der stille Mensch jedoch in sich selbst gefangen ist, dann kann er frei werden. So auch der Klassenclown, der ja meist ebenfalls in sich selbst gefangen ist und das nur anders kompensiert. Als freier Mensch kann er lustig und eine Bereicherung für jede Party sein, aber muss anderen mit seinem Humor nicht mehr auf die Nerven gehen und kann es auch aushalten, mal ganz ruhig zu sein. Er muss die Stimmung nicht um jeden Preis heben. Es gibt Eigenarten, Grundstrukturen und Ängste, die gehören bis zu einem gewissen Grad einfach zu uns. Es ist schön, wenn jemand die Grenzen seiner Veränderbarkeit erkennt, akzeptiert und mit sich im Frieden ist. Das macht ihn originell, authentisch.

Die zweite Grenze liegt in der Tiefenstruktur dieser Welt. Sie bleibt immer auch die von Gott abgefallene Welt, in der Satan noch eine gewisse Freiheit hat. Sie bleibt die Welt, die von der Sünde durchdrungen ist. Diese Welt wird sich nicht in einer Weise verändern, dass wir hier das Reich Gottes in Vollkommenheit erleben. Wir werden es nur zeichenhaft, in schwachen Tönen sehen. Wir suchen die bleibende Stadt Gottes (Hebräer 13,14). So sehr wir beten und hoffen und glauben, dass Gottes Reich hier anbricht, weil Gott es gesagt hat, so sehr müssen wir realistisch wahrnehmen, dass Gottes Wort auch sagt: Es gibt einen Fürsten dieser Welt. Es gibt noch den Tod. Es gibt noch die Sünde. Es gibt noch Ungerechtigkeit. Die Zusage Gottes wird erst in Zukunft ganz erfüllt, wenn Gott einen neuen Himmel und eine neue Erde schaffen wird. Diese Grenze soll uns nicht frustrieren, im Gegenteil: Sie soll uns einen realistischen Rahmen stecken, damit wir nicht zu frustriert sind, wenn wir die Gegenmacht spüren, wenn wir mit Kompromissen leben müssen, wenn sich Veränderungen nicht so einstellen, wie wir es erhofft haben.

Schließlich gibt es auch Grenzen bei der Anwendung von Verheißungen. Man kann nicht einfach jede Verheißung der Bibel in jeder Situation nehmen. Viele Faktoren spielen da eine Rolle. Wer in seinem Glauben wachsen will, muss sich damit auseinandersetzen. Und er wird es tun, denn es liegt auf der Hand, dass zum Beispiel die Verheißung, dass den Jüngern Jesu das Trinken von Gift nichts antun kann, nicht zu jeder Zeit und zu jeder Stunde dieselbe Gültigkeit hat. Darum wird es im vierten Kapitel gehen. Werfen wir aber zum Schluss noch einmal einen kurzen Blick auf Philipper 4.

Der Schlüssel

Wenn ich mir heute den Text aus dem 4. Kapitel des Philipperbriefes ansehe, aus dem die Friedenszusage vom Anfang stammt, dann lese ich ihn mit ganz anderen Augen. Heute springt es mich regelrecht an, wie sehr die Zusagen Gottes Dreh- und Angelpunkt des ganzen Textes sind. Der Schlüssel liegt in Kapitel 3,20: „Aber unsere Heimat ist der Himmel, wo Jesus Christus, der Herr, lebt." Das ist die zentrale Zusage, die entscheidende Mitteilung, die unsichtbare Wirklichkeit! Unsere Heimat ist woanders, im Himmel. Für Paulus, der diesen Brief als

Gefangener schreibt, an eine Gemeinde, die angefeindet und bedrängt wird, ist das zentral! Diese Verheißung trägt den gesamten folgenden Text. Denn daraus folgt, dass die Gemeinde fest stehen soll und kann (4,1). Sie hat allen Grund, sich allezeit zu freuen (4,4) und unbesorgt zu sein (4,6). Sie soll herzlich und freundlich sein (4,5; NLB) und zu Gott beten, flehen und ihm danken (4,6). Basierend auf der zentralen Zusage (unsere Heimat ist bei Gott), gibt Paulus also einige Anweisungen und schließt mit der Verheißung: Der Friede Gottes wird euch bewahren.

Es ist erstaunlich, was man entdeckt, wenn man einmal einen Blick für die Kraft der Zusagen Gottes entwickelt hat. Ohne die Zusagen ist der ganze Text sinnlos. Mit den Zusagen bekommt er die Basis, auf der auch die Anweisungen folgerichtig sind und sich geradezu aufdrängen. Und dann entfaltet sich eine neue Wirklichkeit.

Kapitel 4

Vielfältig

Manchmal muss man unterscheiden

Nach meiner Bekehrung stürzte ich mich kopfüber in das Abenteuer mit Jesus. Mein Wunsch, dass alle Menschen seine Bedeutung kennenlernen sollten, war immens. Ich packte alles an, was dem dienen konnte. Gerne übernahm ich verschiedene Aufgaben und auch Verantwortung (!), denn damit ließ sich etwas erreichen. Ich dachte darüber nicht lange nach, sondern ließ mich einfach treiben – im besten Sinne des Wortes.

Es dauerte nicht lange, bis mir die eine oder andere Situation über den Kopf wuchs. Vor allem in der Jugendarbeit. Woche für Woche 30 bis 40 Jugendliche zu begeistern, ein Mitarbeiterteam aufzubauen und alles zusammenzuhalten, ist eine eigene Herausforderung. Aber immerhin, die Arbeit boomte. Immer mehr Jugendliche wurden angezogen, sodass es manchmal richtig laut wurde. Es ist niemals möglich, dass alles ruhig, sauber und ordentlich verläuft, wenn sich eine Arbeit dynamisch entwickelt. Also gab es Diskussionen. Nicht alle waren begeistert von den Auswirkungen. Es war wie immer: Man will zwar Wachstum, aber nicht die Unruhe, die damit verbunden ist. Man will zwar Jugendliche in der Gemeinde, aber nur die wohlerzogenen.

Das ist nur ein Beispiel von vielen Herausforderungen, die urplötzlich über mich hereinbrachen. Ich wusste manchmal weder vor noch zurück. Fühlte mich überfordert. Und diese Überforderung bezog sich nicht nur auf menschliche Bereiche wie Organisation oder Konfliktbewältigung. Sie betraf auch die geistliche Dimension. Die unsichtbare Wirklichkeit war ja präsent. Wo Aufbruch geschieht, da entstehen geistliche, unsichtbare Gegenangriffe. Satan, der Gegner Gottes, versucht, seine gezinkten Karten auszuspielen.

In dieser Zeit beschäftigte ich mich mit der Geschichte Israels, wie sie im 2. Buch Mose erzählt wird. Das Kapitel 14 zog meine ganze Aufmerksamkeit auf sich. Ich kannte die Geschichte noch aus meiner Kinderbibel: Die Israeliten werden in Ägypten unterdrückt und versklavt. Mose führt sie an, um sie in die Freiheit zu führen. Sie ziehen mit Tausenden von Leuten Richtung Wüste. Und dort stehen sie nach nur kurzer Wanderung vor einem Meer. Eine brenzlige Situation! Von hinten rückt der Pharaokönig mit seinen Soldaten an. Vor meinem inneren Auge entstand das Bild einer grimmigen und hochbewaffneten Truppe, wild entschlossen, die Israeliten entweder umzubringen oder als Sklaven zurückzuholen. Auf jeden Fall nichts, was man sich wünschen kann. Im Gegenteil: Angst einflößend. Und vorne: der Fluchtweg versperrt durch das Meer. Das nennt man wohl Ausweglosigkeit.

Ergebnis: Absolute Verzweiflung beim Volk Israel und bei Mose, der die Israeliten in diesen Schlamassel geführt hat: Hätte er den Fluchtweg nicht ein wenig besser vorbereiten können? Was ist das für ein Führer? Der hat ja keinen Plan! Wären wir doch besser in Ägypten geblieben. Da gab es auch Gräber. Wir hätten den Ägyptern weiter gedient, aber immerhin, wir hätten gelebt. Nun führt uns Mose in den Tod.

Es ist normal, dass Menschen meinen, früher sei alles besser gewesen. Aber es ging in diesem Zusammenhang wirklich sehr schnell, dass die Israeliten die Sklavenzeit in rosaroten Farben ausmalten. Verständlich ist es allerdings durchaus, denn die Perspektive war jetzt noch dunkler. Entweder ersaufen oder erschlagen werden. Wenn das die Alternativen sind, ist es wirklich ungemütlich.

Mose wendet sich an das Volk mit kühnen Sätzen. Sie lauten: „Fürchtet euch nicht! Steht und seht die Rettung des HERRN, die er euch heute bringen wird! Denn die Ägypter, die ihr heute seht, die werdet ihr weiterhin in Ewigkeit nicht mehr sehen. Der Herr wird für euch kämpfen, ihr aber werdet still sein“ (2. Mose 14,13-14).

Erstaunlich ist, dass Mose trotz dieser kühnen Worte offensichtlich selbst vor Gott klagt und die Verzweiflung seiner Leute teilt. So souverän, wie seine Rede klingt, scheint er selbst nicht immer zu sein. Denn jetzt redet Gott zu ihm: „Was schreist du zu mir? Befiehl den Söhnen Israel, dass sie aufbrechen! Du aber erhebe deinen Stab und strecke deine Hand über das Meer aus und spalte es, damit die Söhne Israel auf trockenem Land mitten in das Meer hineingehen!" (2. Mose 14,15-16).

Und so tat er es und so geschah es ... und der Rest ist Geschichte. Eine Geschichte, die immer und immer wieder erzählt wird, die bis heute die Identität des jüdischen Volkes bestimmt.

Zugleich ist es eine Geschichte, die vielen Menschen, die in ausweglos scheinenden Situationen stecken, Hoffnung gegeben hat. So auch mir, als ich als junger Mann völlig überfordert war und mit der Verantwortung und den damit einhergehenden Fragen und Konflikten nur schwer umgehen konnte. Die Zusage brannte sich mir tief ein: „Der HERR wird für euch kämpfen, ihr aber werdet still sein" (2. Mose 14,14).

Die Israeliten, mit Mose an der Spitze, sollten still darauf vertrauen, dass Gott einen Weg kannte. Sie brauchten nicht zu kämpfen. Nach menschlicher Vorstellungskraft war die Situation jedoch ausweglos. Wer konnte ahnen, was dann passierte – dass sich das Meer spaltete und das Volk den Weg passieren konnte? Ganz sicher hatte das niemand auf dem Plan. Nur Gott.

Die Zusage sprach mich an. Gott würde auch für mich kämpfen. Er kannte Auswege, wo ich vor dem Nichts stand. Ich konnte lernen zu vertrauen, dass er Lösungen schenken würde, die ich mir noch gar nicht vorstellen konnte. So schöpfte ich neuen Mut. Gott würde mir helfen. Ich sollte still sein, vertrauen, nicht ängstlich vor- und zurückblicken, sondern auf Gott schauen, der helfen oder eingreifen würde.

Und so habe ich es damals erlebt. So habe ich es immer wieder erlebt. Nicht so spektakulär wie eine Meeresteilung. Aber durch wundersame Veränderungen von Menschen, Situationen und Rahmenbedingungen.

Diese Zusage führte mich ins Gebet. Denn im Gebet bringe ich die ausweglosen Situationen vor Gott, erwarte sein Wirken und werde still. Ich kann die Fälle nicht zählen, in denen ich mich auf diese

Verheißung stützte. Da ich jemand bin, der gerne anpackt und prägt und entscheidet, war die Lektion manchmal auch schwierig. Nicht ich sollte etwas tun, Gott wollte etwas tun, und ich sollte darauf warten. Aber es hat sich immer gelohnt.

Ich habe damals bei der Leitung der Jugendgruppe erlebt …

- dass Gott Mitarbeiter berief und befähigte, wo ich keinen mehr sah und mich allein fühlte, und Personen vorbereitete, die ich nie auf dem Plan hatte.
- dass Gott Freizeitgruppen, die mir nur chaotisch vorkamen und wo ich nicht sah, dass etwas in den Herzen der Leute geschehen könnte, veränderte und in das Leben von Menschen sprach.
- dass er Andachten und Predigten gebrauchte, von denen ich der festen Meinung war, sie total in den Sand gesetzt zu haben.

Später erlebte ich zum Beispiel, wie eine Gemeinde durch Menschen wuchs, die wir gar nicht im Blick hatten. Sie kamen einfach, während andere, die wir eigentlich einladen und ansprechen wollten, nicht in den Gottesdiensten erschienen.

Dieser Vers aus 2. Mose, der über Jahre eine nicht unwesentliche Rolle in meinem Leben gespielt hat, begegnete mir dann noch einmal neu: Im März 2006 trafen wir uns als Bundesleitung (das leitende Gremium des Bundes Freier evangelischer Gemeinden) auf Langeoog zu einer Zeit des Gebets und der inhaltlichen Auseinandersetzung. Peter Strauch, der damalige Präses, sollte noch knapp zwei Jahre in dieser Aufgabe stehen. Man hatte mich gefragt, ob ich bereit sei, seine Nachfolge anzutreten. Ich hatte mich nach langem Zögern und ursprünglich innerer Ablehnung dazu durchgerungen. Zwar war ich noch nicht gewählt, aber es war fest damit zu rechnen, dass die Wahl erfolgen würde.

Ich hatte also, und das wurde mir während der Tage auf Langeoog erschreckend bewusst, eine gigantische Aufgabe vor mir. Mein Lebensgefühl hätte ich ungefähr so beschrieben: vor mir eine unüberwindbare Aufgabe und hinter mir viele Menschen, die ganz sicher mit mir unzufrieden sein würden. Vor mir eine Verantwortung, der ich nicht gewachsen war, und hinter mir all die Stimmen, die mir sagten, wie ich es eigentlich tun sollte. Solche Situationen machen Angst. Warum war ich nicht bei dem geblieben, was ich bisher gemacht hatte? Da kannte ich mich wenigstens aus. Wie konnte ich so anmaßend sein, mich überhaupt bereit zu erklären, diese Aufgabe anzunehmen?

Während dieser Gebetszeit auf Langeoog schenkte mir Peter Strauch ein kleines Büchlein: *Das Wort, das mein Herz bewegt.* Darin hatte er selbst, neben anderen Autoren, einen Beitrag geschrieben. Es war ein Text zu genau diesem Vers aus 2. Mose 14,14. Das Kapitel war kurz und knapp überschrieben: „Er kämpft für mich." Darin schreibt Peter, wie dieses Wort der Verheißung sein Leben begleitet, geprägt und verändert hat. Immer wieder war es aufgetaucht und hatte in dunkle Situationen gestrahlt. Der letzte Abschnitt seines Artikels beginnt mit dem Satz: „Nein, ich habe die Sache nicht im Griff, werde sie vermutlich auch nie in den Griff bekommen."

Mein Herz wurde beim Lesen erfüllt von der Kraft dieser Zusage. Sogar Peter, dieser erfahrene und bewährte Mann, hatte „die Sache nicht im Griff" und lebte von Gottes Zusage. Warum also nicht auch ich? Ich konnte auf viele gute Erfahrungen mit Gott zurückblicken und sofort erfüllten mich sein Frieden und seine Kraft. Gott würde für mich kämpfen. Alles, was ich tun sollte, war: vertrauen, still sein, beten.

Ein paar kritische Fragen

Nun wird es allerdings höchste Zeit, ein paar kritische Fragen zu stellen. Vielleicht sind sie Ihnen schon vor geraumer Zeit gekommen und brennen Ihnen unter den Nägeln. Ist es eigentlich erlaubt, eine Verheißung, die so alt und an jemanden völlig anderen in einer ganz anderen Situation adressiert ist, auf mich heute zu beziehen? Ist das nicht eine subjektivistische Vereinnahmung von Worten, die mit mir gar nichts zu tun haben? Ist es nicht anmaßend, Worte von Mose als an mich gerichtet zu verbuchen? Lauert da nicht Gefahr, dass Willkür den Glauben bestimmt? Ist alles, was in der Bibel steht, für alle und jeden bestimmt und gültig?

Diese Fragen sind nicht nur berechtigt, sondern nötig. Denn Verheißungen können missbraucht werden. Das zeigt spätestens der Bericht davon, wie Satan versuchte, Jesus zu verführen. Beim dritten Verführungsversuch provoziert der Teufel Jesus mit den Worten: „Wenn du Gottes Sohn bist, so wirf dich von hier (dem Dach des Tempels) hinab; denn es steht geschrieben: ‚Er wird seinen Engeln über dir befehlen, dass sie dich bewahren; und sie werden dich auf den Händen tragen, damit du nicht etwa deinen Fuß an einen Stein stößt'" (Lukas 4,9-13). Satan nahm eine Zusage Gottes aus Psalm 91,11-12 und setzte sie ein, um Jesus zu einer unangemessenen Machtdemonstration zu verführen. Jesus wehrte diesen Versuch ab.

Wie bei jedem biblischen Text muss unterschieden werden, für wen er gesprochen bzw. geschrieben wurde. Drei Fragen helfen uns, angemessen mit den Texten der Bibel und speziell mit den Zusagen Gottes umzugehen:

1. Wer waren die ersten Adressaten?
2. Wer waren die zweiten Adressaten?
3. Gibt es theologische / geschichtliche Einschränkungen für die Anwendbarkeit?

Wer waren die ersten Adressaten?

Die ersten Adressaten des Wortes waren in diesem Fall die Israeliten – auch wenn mir nicht klar ist, wie Mose sich in der großen Menge Gehör verschaffte, denn er konnte nicht twittern und hatte kein Megaphon. Ihnen galt die Zusage. Allgemein sprachen die Propheten des Alten Testaments zunächst zu den Leuten ihrer Zeit: zum Volk Israel, zu bestimmten Gruppen, manchmal nur zu einzelnen Personen.

Viele kennen zum Beispiel die bekannten Worte aus Jesaja 40,30-31: „Jünglinge ermüden und ermatten, und junge Männer straucheln und stürzen. Aber die auf den HERRN hoffen, gewinnen neue Kraft: sie heben die Schwingen empor wie die Adler, sie laufen und ermatten nicht, sie gehen und ermüden nicht." Was für eine Zusage! Aber die ersten Adressaten waren die Israeliten, die durch Zerstreuung ermüdet und erschlagen waren. Ihnen wurde neue Kraft zugesagt.

Die Evangelien dann erzählen hauptsächlich von Jesus. Er wird häufig zitiert. Jesus sprach zu den Jüngern, zu den Pharisäern, zu Hilfesuchenden, zu seiner Mutter, zu allen möglichen Menschen. Und das, was er sagte, bezog sich auf sie, war eine Botschaft für sie.

Die ersten Adressaten der neutestamentlichen Briefe waren die Gemeinden, an die die Briefe gerichtet waren. „An die Gemeinde Gottes, die in Korinth ist" (1. Korinther 1,2), schreibt Paulus zusammen mit Sosthenes. Dieser Gemeinde wird im Hinblick auf den Tod mitgeteilt: „Gott aber sei Dank, der uns den Sieg gibt durch unseren Herrn Jesus Christus!" (1. Korinther 15,57).

Um es nüchtern zu sagen: Viele Worte der Heiligen Schrift haben erst einmal mit uns im 21. Jahrhundert gar nichts zu tun. Es ist deshalb wichtig, erst einmal danach zu fragen, was sie denn für die ersten Adressaten bedeuteten.

Wer waren die zweiten Adressaten?

Diese zunächst gesprochenen (und von anderen gehörten) Worte wurden bald aufgeschrieben. Wenn sie schon schriftlich vorlagen (wie die Briefe), dann wurden sie gesammelt oder an andere weitergegeben. Warum das? Weil man den Eindruck hatte, dass sie eine besondere Bedeutung und Kraft hatten. Es waren ja die „Originale". Sie waren so stark, dass auch spätere Generationen davon profitieren konnten. Und wenn sie zitiert und gesammelt wurden, dann hatte man schon eine nächste Adressatengruppe vor Augen.

Das Wort Gottes durch Mose an das Volk Israel beim Auszug aus Ägypten wurde beispielsweise Jahrhunderte später zitiert, wenn aus der Thora vorgelesen wurde. Es sollte auch den nachkommenden Generationen zeigen, wie Gott handelt und wozu er in der Lage ist. Das alte Wort wurde damit für die zweiten Adressaten aktualisiert. Wenn

Gott damals für sein Volk gestritten hat, würde er auch heute für die streiten, die ihm vertrauen.

Genauso verhält es sich mit dem Wort, das Gott durch Jesaja gesprochen hat. Wenn er damals denen neue Kraft gab, die ihm vertrauten, dann würde das auch in zukünftigen Generationen der Fall sein. Gott ist ja derselbe. Die Worte des Propheten Jesaja wurden so zu einer Instanz, einer Autorität auch für spätere Generationen. Das alte Wort wurde für spätere Krisenzeiten zum Orientierungspunkt.

Und wenn Jesus den Menschen etwas zu sagen hatte, dann war es wert, diese Worte zu bewahren. Lukas zum Beispiel sammelte sie und schrieb alles akkurat für Theophilus auf. Und diese Sammlungen erwiesen sich als so authentisch und stark, dass sie weiter und weitergetragen wurden.

Die Frage, die wir uns nun beim Lesen einer Zusage in der Bibel stellen können, ist: Wie wirkten diese Texte auf diejenigen, die später in den Schriftrollen und Sammlungen die alten Worte lasen? Sie waren nicht direkt an sie gerichtet, aber dennoch für sie aufgeschrieben worden – sie waren die zweiten Adressaten.

Insgesamt ist die Verschriftlichung und Weitergabe sowohl eine grandiose menschliche Leistung als auch ein Ausdruck von Gottes Handeln. Die Schreiber der biblischen Bücher behaupten nirgendwo, dass die Bibel bzw. die Thora vom Himmel gefallen sei. Nein, Menschen haben die Texte geschrieben. Aber das, was sie schreiben und beschreiben, betrifft Gottes Wirken in der Geschichte dieser Welt. So hat Gott gehandelt. Das haben wir gesehen, das haben wir gehört, so hat sich Gott in der Geschichte offenbart. Es ist wert, aufgeschrieben zu werden. Und wir schreiben es auf und geben es an die nächste Generation weiter, weil der Gott, der damals so und so handelte, heute derselbe ist. Daran sollen wir uns orientieren.

Die Textsammlungen des Mose dienten dazu, das Handeln und Reden Gottes für die kommenden Generationen festzuhalten und nachvollziehbar zu machen. Die prophetischen Bücher zeigen, in welcher Art Gott sich zu aktuellen Fragen geäußert hat, was ihm wichtig war. Das ist die Grundlage, wenn wir heute die Texte aktualisieren.

Die Evangelien beziehen sich auf Augenzeugenberichte. So war das mit Jesus. Eine Kirche, die sich auf Jesus gründet, muss wissen, was er gesagt und was er getan hat. Es gibt vier Evangelien, weil es verschiedenste Zielgruppen gab. Schon diese Erzählungen wählen aus den vielen Berichten aus, sie aktualisieren und orientieren sich in ihrer Erzählweise an den ersten Empfängern. So ist zum Beispiel zu erklären, warum Lukas so sehr die Verstoßenen und Armen im Blick hat und von Jesu Umgang mit ihnen berichtet. Nicht nur, dass er selbst Arzt war und deswegen einen Bezug zu Kranken hatte. Er schrieb die Geschichten für Theophilus und mit ihm eher für die ersten Christen aus hellenistischem Kulturhintergrund auf. Sie empfanden sich als eine kleine, gefährdete Randerscheinung im großen römisch-griechischen Mittelmeerraum. Jesus sagte: „Fürchte dich nicht, du kleine Herde! Denn es hat eurem Vater wohlgefallen, euch das Reich zu geben" (Lukas 12,32). Nur bei Lukas kommt dieses Wort vor. Kennt man den Hintergrund der Adressaten, bekommt die Zusage Gottes eine viel tiefere Bedeutung.[14]

Gibt es theologische/geschichtliche Einschränkungen für die Anwendbarkeit einer bestimmten Zusage?

Ja! Wir müssen fragen: Ist das Wort zu früheren Zeiten erfüllt worden? Inwiefern ist es in Jesus erfüllt worden? Wird es im Leben der Gemeinde erfüllt? Steht die Erfüllung noch aus? Oder gibt es vielleicht eine stufenweise Erfüllung? Auf welcher Stufe stehen wir dann?

Wir müssen fragen: Wenn es an die Hörer damals gerichtet war, welche Berechtigung habe ich dann, das Wort heute als Wort „an mich" zu nehmen?

Das sind viele Fragen, die möglicherweise verwirren. Aber sie sind nötig. Ich will aufzeigen, warum. Denn es gab und gibt in der Christenheit reichlich missbräuchliche Anwendungen der Verheißungen Gottes. Beispiele gefällig?

- Jesus hat gesagt, er komme bald wieder. Das ist eine klare Verheißung. Und er hat gesagt: „Seid nicht besorgt für euer Leben, was ihr essen und was ihr trinken sollt, noch für euren Leib, was ihr anziehen sollt ... Trachtet aber zuerst nach dem Reich Gottes und nach seiner Gerechtigkeit und dies alles wird euch hinzugefügt werden" (Matthäus 6,25-33). Klare Verheißung, oder? Immer wieder haben Christen diese Worte jedoch dahingehend verstanden, dass sie nicht arbeiten, nichts für morgen tun sollen, kein Geld verdienen müssen. Das wurde schon in den ersten Jahren ein Problem. Offensichtlich lagen manche Christen den anderen mächtig auf der Tasche. Paulus ermahnte sie: „Solchen aber gebieten wir und ermahnen sie im Herrn Jesus Christus, dass sie in Stille arbeiten und ihr eigenes Brot essen" (2. Thessalonicher 3,12).

- Eine Gemeinde betet zehn Tage für die Auferweckung eines Verstorbenen, bis sich die muslimischen Nachbarn über Verwesungsgeruch beschweren und die ganze Sache auffliegt. Man hat sich berufen auf Matthäus 10,8: „Heilt Kranke, weckt Tote auf ..." Ein gutes Zeugnis für Jesus? Ich denke nicht. Auf jeden Fall kein Wohlgeruch für das Evangelium.

- Ein besonders bizarres Beispiel sind die sogenannten „Snakehandlers". Es sind Menschen, die die Verheißung aus Markus 16,18 für sich nehmen, in der es heißt: „... sie werden Schlangen aufheben und wenn sie etwas Tödliches trinken, wird es ihnen nicht schaden." In ihren Gottesdiensten hantieren sie deswegen mit giftigen Schlangen. Die Verheißung wird manchmal leider nicht erfüllt und es kommt immer wieder zu Todesfällen.

- Weniger bizarr ist die folgende Verheißung, die deswegen auch viel häufiger missbraucht wird. Sie steht als eine Art Überschrift über dem Leben und der Sendung von Jesus. Er sollte „Immanuel" heißen, das heißt übersetzt: „Mit uns ist Gott." Er hatte seinen Jüngern gesagt: „Ich bin bei euch alle Tage, bis an der Welt Ende" (Matthäus 28,20). Ich habe unzählige Leute kennengelernt, die diese Verheißung nehmen und nach dem Motto leben: Egal, was ich tue, Gott ist ja mit mir. Sie scheren sich im Grunde wenig um Gottes Gebote und beruhigen sich mit dem „Immanuel". Gott sei ja immer bei ihnen. Stimmt das? Wird die Zusage da nicht zu billigem Ramsch?

Die Liste der Missverständnisse und Kuriositäten ist lang. Ich belasse es dabei. Mir geht es darum, deutlich zu machen, dass es reichlich Anlass gibt, sich über die Anwendung von Gottes Verheißungen Rechenschaft abzulegen und zu überlegen, ob es geschichtliche oder theologische Einschränkungen gibt. Die Beispiele zeigen, dass es seltsame Blüten treibt, wenn Christen das nicht oder zu wenig tun.

Leitlinien für eine angemessene Anwendung der Zusagen Gottes

1. Zuerst muss die Verheißung im Zusammenhang der ersten Hörer und Leser verstanden werden.
2. Dann muss geprüft werden, ob die Zusage schon in der Geschichte erfüllt wurde. Von zentraler Bedeutung ist die Erfüllung der Zusagen Gottes im Leben und Werk von Jesus Christus. „Denn so viele Verheißungen Gottes es gibt, in ihm ist das Ja, deshalb auch durch ihn das Amen, Gott zur Ehre durch uns" (2. Korinther 1,20 – dazu mehr in Kapitel 5).
3. Schließlich kann es sein, dass die Erfüllung erst in der zukünftigen und vollkommenen Welt Gottes stattfinden wird. So betont zum Beispiel der Hebräerbrief, dass die Verheißung, in Gottes Ruhe einzugehen, noch ausstehe (Hebräer 4,1).

Ein Wort kann also stufenweise erfüllt werden. Im Zentrum steht dabei nicht mein eigenes kleines Leben, sondern es geht hier um große Linien der Geschichte Gottes mit den Menschen, auf denen mein Leben ein kleines Pünktchen ist.

Warum kann ich dann solche fremden Zusagen doch manchmal auf mich beziehen? Wieso soll das Wort, das von Mose gesprochen wurde und den Israeliten galt, mir heute ebenfalls gelten?

Der Grund liegt darin, dass das Wort deswegen aufgeschrieben und weitergegeben wurde, damit spätere Generationen erkennen, wie Gott gehandelt hat und wer er ist. Und weil er auf eine ähnliche Weise immer wieder gehandelt hat, kann daraus geschlossen werden, dass es eine ganz typisch göttliche Art ist zu handeln. Bei Gideon verkleinerte Gott das israelische Heer bewusst auf nur wenige Männer (Richter 7), um ihnen zu zeigen, dass er der Gott ist, der für sein Volk kämpft, gerade wenn Menschen keine Möglichkeiten mehr haben. Gott mag es, früh am Morgen zu helfen (Psalm 46,6), wenn noch alle schlafen. Dann tritt sein souveränes Handeln besonders deutlich hervor. Das Geschehen in Jesus Christus trägt ebenfalls diesen Charakter. Denn der entscheidende Kampf gegen Satan und die Sünde ist von Jesus Christus gekämpft worden. Er hat überwunden. Glaube bedeutet, still auf ihn zu vertrauen, nicht mehr aus eigener Kraft Gott gefallen zu müssen. „Er kämpft für mich" muss dann sogar heißen: „Er *hat* für mich gekämpft und er *hat* gesiegt."

Die erste Gemeinde hatte kein Neues Testament. Sie hatte die Schriften des alten Bundes. Selbstverständlich bezog sie sich darauf. Dass Gott selbst kämpfte und die Glaubenden stille sein sollten, das erlebten die ersten Christen in der Apostelgeschichte ständig. Gott baute seine Gemeinde, er war unglaublich aktiv, während die Apostel seinem Wirken eher zusahen und sich wunderten, was er alles zustande brachte. Gott befähigte Menschen zum Dienst und befreite Gefangene aus dem Gefängnis, während die Gemeinde zu Hause betete (Apostelgeschichte 5).

Deswegen kann man sagen: Es gibt genügend Grund und Beispiele, die uns die Berechtigung geben zu glauben, dass Gott auch heute in unserem Leben wirkt und kämpft. Es gibt ausreichend Anlass, in diesem Vertrauen stille zu werden. Es ist theologisch sauber, dem alten Wort aus 2. Mose 14,14 kindlich zu vertrauen.

Zusagen haben auch Grenzen

Als junger Pastor geriet ich in einen Konflikt, in dem ein sehr erfahrener und anerkannter Mann mich und mein Verhalten nicht nur kritisierte, sondern es mit nationalsozialistischen Praktiken verglich. Dieser Vergleich und andere Äußerungen zeigten mir, dass sich da eine heftige Front aufbaute. In dieser Situation wurde mir schlagartig klar, dass ich nicht kämpfen sollte. Ich hatte den Eindruck, dass sich an meinem Umgang mit diesem Konflikt zeigen würde, ob ich Gott vertraute oder nicht. Es schien mir, als sagte Gott zu mir: „Lass mich kämpfen. Du sei stille." Und das tat ich. Ich ging nicht auf Konfrontationskurs, auch wenn ich gute Argumente oder „das Recht" gehabt hätte. Ich wollte nicht für mich selbst und meine Reputation kämpfen.

Es war das Beste, was ich tun konnte. Dadurch, dass ich still hielt, erledigte sich die Sache letztlich schnell. Wäre ich auf Konfrontation gegangen, hätte sich das Ganze wahrscheinlich hochgeschaukelt und der Konflikt hätte zu weiteren Verletzungen und Verwerfungen geführt.

Es gibt allerdings auch für diese Zusage und ihre Anwendung Grenzen. Es wäre überzogen, wenn man aus solch einem Satz (Gott kämpft für dich, sei du stille) ein Prinzip machte, das für jede Lebenslage zwingend und immer anzuwenden ist. Manchmal muss man kämpfen. Man muss als Unternehmer kämpfen (im Sinne von sehr hart arbeiten), wenn man wirtschaftlich überleben will. Man muss kämpfen, wenn man etwas in der Gesellschaft verändern will. Man muss um Menschen kämpfen, wenn man sie liebt. Das Leben ist kein Ponyhof. (Ich weiß zwar nicht exakt, wie es auf einem Ponyhof zugeht, aber es klingt auf jeden Fall eher niedlich.) Manchmal muss man auch um seine Rechte oder die der anderen kämpfen. Ein Rechtsstaat, in dem keiner für seine oder die Rechte anderer kämpft, droht ausgehöhlt zu werden.

Die Verheißungen Gottes sind keine Prinzipien, die funktionieren wie Maschinen. Es sind lebendige Worte Gottes, die im Sinne Gottes erfasst werden müssen.

Was ist dann mit den sogenannten „Snakehandlern"? Jesus hat den Satz, dass seine Nachfolger gefahrlos Schlangen aufheben können, seinen Jüngern zum Abschied tatsächlich gesagt. Man kann zwar einwenden, dass er im Markusschluss steht, der in den uns zur Verfügung stehenden Handschriften schlecht bezeugt ist. Aber das hilft nicht weiter, denn auch in Lukas 10,19 steht etwas sehr Ähnliches. Außerdem erlebte Paulus, was hier beschrieben wird (Apostelgeschichte 28,3-6). Er wird von einer Schlange gebissen, alle erwarten seinen Tod, aber er überlebt.

Es führt wesentlich weiter, wenn wir uns vor Augen führen, dass diese Verheißung missionierenden Jüngern gegeben wurde. Sie hatten den Auftrag, das Evangelium in alle Welt zu tragen und aller Kreatur zu verkündigen. Diesen Jüngern, die sich im Einsatz befanden, ist die Verheißung gegeben. Das waren die ersten Adressaten. Und die zweiten Adressaten sollten verstehen: In der missionarischen Konfrontation steht euch Gott ganz besonders zur Seite und schützt euch. Wenn ihr in der Gemeinschaft mit Jesus vorangeht, werdet ihr das erleben.

Ein Freund, der zwanzig Jahre lang auf den Philippinen missionarisch gearbeitet hat, erzählte mir zum Beispiel glaubwürdig, dass er einmal von einer „philippinischen Kobra" gebissen worden sei und keinerlei Symptome gezeigt habe. Kurz nach dem Biss sei ihm die Zusage aus Markus 16 eingefallen, und er habe zitternd und hoffend zugleich gewartet, was geschehen würde. Nichts! Und gerade das war sehr viel und außergewöhnlich. Wird jedoch in Gottesdiensten im 21. Jahrhundert zur allgemeinen Bewunderung mit Schlangen hantiert, scheint es wohl eher um ein Spektakel zu gehen als um diese besondere Zuspitzung und Beauftragung. Das ist genau der Unterschied.

„Heute wirst du mit mir im Paradies sein" (Lukas 23,43) ist ebenfalls keine Zusage, die jedem zu jeder Zeit gilt. Sie galt zuerst dem Verbrecher, der neben Jesus am Kreuz seine letzten Atemzüge tat. Er zeigte Reue und hielt sich nicht für tadellos. Er wusste, dass er Barmherzigkeit brauchte, und hoffte auf Jesus. Ihm gibt Jesus eine fantastische Perspektive: heute noch, im Paradies! Was für eine Hoffnung!

Dieser Satz ist zunächst einmal speziell diesem Mann gesagt. Und er ist auch ziemlich einmalig. Es gibt vom gesamtbiblischen Zeugnis her wenig Anhaltspunkte, dass es nach unserem Tod auf direktem

Weg ins Paradies gehen könnte. Im Gegenteil. Es spricht einiges dafür, dass es eine Art Wartezustand gibt bis zur Auferstehung von den Toten. Außerdem bezeugt die Bibel, dass Jesus selbst drei Tage tot war und am dritten Tag auferstand. Wie konnte er dann dem Mann zusagen, dass er *heute* mit ihm im Paradies sein würde? Da kommt die menschliche Logik an ihre Grenzen. Oder war damit etwas völlig anderes gemeint als die „Auferstehung"?

Andererseits gibt es auch ein paar Andeutungen in der Bibel, dass es einen direkten Übergang gibt. Paulus hat „Lust, abzuscheiden und bei Christus zu sein" (Philipper 1,23) und Johannes zitiert Jesus mit den Worten: „Ich bin die Auferstehung und das Leben; wer an mich glaubt, wird leben, auch wenn er gestorben ist; und jeder, der da lebt und an mich glaubt, wird nicht sterben in Ewigkeit" (Johannes 11,25-26). Das alles lässt sich dogmatisch nur sehr schwer eindeutig klären. Am Ende ist die Zusage an den Verbrecher eine, die wir nicht einfach verallgemeinern könnten. Aber offensichtlich hatte Jesus die Möglichkeit, so etwas zuzusagen. Und es entspricht einer biblischen Linie, die auch woanders zu erkennen ist. So kann die Verheißung, vorsichtig und zugleich kühn genommen, auch für uns gelten.

Allerdings wird sie nur dann uns gehören, wenn wir eigentlich kaum glauben können, dass sie einem Menschen wie uns gewährt wird. Nicht selten begegnet mir die Denkart, die sagt: „Wenn dem Verbrecher schon so etwas zugesagt wird, wie viel mehr gilt mir das dann (der ich doch ein rechtschaffener Bürger bin)!" Diese Aussage zeigt letztlich, dass wir meinen, etwas Besseres zu sein, und damit stehen wir eher kurz vor der Hölle als vor dem Paradies.

Die wichtigste Einschränkung hat wiederum mit Jesus Christus zu tun. Weil in ihm die Verheißungen erfüllt sind, kommt es in erster Linie darauf an, ihm zu vertrauen und ihm anzuhängen. Wenn wir die Verheißungen mehr lieben als ihn, wird etwas schief in unserem Glaubensgebäude. Dann geht es um den „Glaubenserfolg", um den Segen, anstatt um ihn. Entscheidend ist, dass wir ihm gehören. Denn es gibt für jemanden, der nicht Christus gehört, keinen Grund, den Verheißungen zu vertrauen. Er hat keine feste Grundlage.

C.H. Spurgeon, der originelle Prediger im England des 19. Jahrhunderts, war bekannt dafür, dass er die „Kraft der Verheißung" betonte. Eines seiner Bücher trägt deswegen diesen Titel. Das erste Kapitel hat die Überschrift: „Wem gelten die Verheißungen?" Seine Antwort fällt folgendermaßen aus:

> *Alle, die Glauben an ihn (Jesus) haben, können daraus den zweifelsfreien Schluss ziehen, dass sie zur erwählten Schar derer gehören, denen die Verheißungen gegeben sind. Für die, die im Unglauben leben und sterben, gibt es keine unbedingte und persönliche Verheißung Gottes: Sie sind nicht unter der Gnade, sondern unter dem Gesetz, und ihnen gelten die Drohungen und nicht die Verheißungen. … Wenn wir an Gott, so wie er in Jesus Christus geoffenbart ist, glauben, so glauben wir an alle seine Verheißungen. Vertrauen auf jemanden schließt Vertrauen auf alles, was er spricht, ein.*[15]

Spurgeon will sichergehen, dass seine Leser diese entscheidende Botschaft von Jesus Christus hören und ihr vertrauen und nicht die Segnungen der Verheißungen erwarten, ohne den Segen von Jesus Christus kennengelernt zu haben.

Oder um es konkret zu machen: Die Verheißung „Heute wirst du mit mir im Paradies sein!" sagte Jesus jemandem, der erkannte, wie verkorkst sein eigenes Leben war, und sich selbst nichts, aber Jesus alles zutraute. Bis heute denken viele Menschen, es gäbe zwei Möglichkeiten, um nach dem Tod zu Gott zu kommen. Die erste ist ihre eigene moralische Stärke. Die zweite ist in der Annahme begründet, dass Gott es nicht so genau nehmen kann mit der Schwäche der Menschen. Denn täte er das, wäre der Himmel ja leer. Also wird er sicher zwei Augen zudrücken.

Gottes Wort lehrt jedoch, dass die Verheißung des ewigen Lebens für die gilt, die sich nicht auf sich selbst verlassen, sondern ihre eigene Schuld erkennen und ihre Rettung von Gott in Jesus erwarten.

All diese Überlegungen und Fragen sind nötig, wenn man dauerhaft die verändernde Kraft der Zusagen Gottes erfahren will. Man kann sie natürlich auch in den Wind schlagen, aber dann endet man irgendwann im Frust oder lügt sich etwas in die Tasche, weil man merkt, es funktioniert doch alles nicht so einfach. Ich schreibe über diese Fragen und Einschränkungen nicht, um es kompliziert zu machen. Ich schreibe darüber, weil ich das Vertrauen in Gottes Zusagen stärken will. Und es wird nur stark, wenn es begründet ist.

Kapitel 5

Zentral

Alles hängt an Jesus Christus

Ich hatte gerade dieses neue Leben kennengelernt. Ich hatte gerade erkannt, dass ich Jesus Christus brauche und dass es im Christentum um Jesus, um Jesus und noch mal um Jesus geht – und nicht ums Christentum! Doch dann schlichen sich erste Zweifel ein ...

In Düsseldorf besuchte ich ein Konzert des Künstlers und Liedermachers Herrmann van Veen. Ich mochte ihn immer und mag ihn bis heute. Er ist originell, menschlich, kreativ. Als moderner Clown demaskiert er den Zuschauer. Aber er hatte in seinem Programm, ich weiß nicht, wie das heute ist, auch Beiträge und Texte, die den Glauben an Gott lächerlich machten. Ich fühlte mich durch die Verunglimpfungen von der Bühne plötzlich ganz klein, dumm und zu einer Gruppe gehörend, die irgendwie beschränkt ist. So empfand ich es zumindest bei dem Konzertbesuch damals.

Ich ging mit sehr gemischten Gefühlen aus dem Saal, stieg in mein Auto und fuhr nach Hause. Zweifel nagten an mir. Wenn doch alles ganz anders war? Hatte ich da einen dummen Fehler gemacht, als ich anfing, Jesus zu folgen? Meine Gedanken wurden schwer und mein Herz ebenso. Ich spürte in meinem Nacken die eiserne und scheinbar allmächtige Hand des Relativismus, der sagt, es gebe nichts Festes, keinen Gott, der sich verbindlich und für alle nachvollziehbar offenbart hat.

Ich erinnere mich gut, dass ich an einer roten Ampel stand und dort im Auto zu beten anfing. Ich sagte einfach: „Jesus – siehst du das? Siehst du meine Zweifel? Ich komme damit zu dir. Ich habe angefangen, mit dir zu leben. Und jetzt scheint mir alles so mickrig und sinnlos. Was denkst du darüber?“

Und es war, als ob Jesus mir antwortete: „Gut, dass du das aussprichst. Ich erwarte doch von dir keinen perfekten und fertigen Glauben. Du kannst mit deinen Zweifeln immer zu mir kommen. Ich bin trotzdem da. Ich liebe dich. Hermann van Veen ist auch nur ein Mensch, für den ich ebenfalls gestorben bin. Ich bin größer als deine Zweifel und deine Gedanken. Und ich bin größer als all die, die mich lächerlich machen."

Tränen liefen über mein Gesicht, als die Ampel auf Grün wechselte und ich weiterfuhr. Tränen der Freude und Erleichterung. Ich musste nicht alle Fragen geklärt haben, um eine Beziehung zu Jesus zu haben. Natürlich gab es auch Fragen, die drängend, schwer blieben. Aber an diesem Abend verstand ich etwas, das ich danach noch Hunderte Male neu verstehen musste: dass es einen Punkt im Kosmos gibt, der bestehen bleibt, der fest bleibt – und er hat einen Namen: Jesus Christus.

Mir war natürlich klar, dass mein Gebet noch „innerhalb des Systems" gedacht war. Aber das war mir einerlei. Der Schritt, dennoch zu beten und Jesus alles zu sagen, war schließlich ein Glaubensschritt. Dabei habe ich eins gelernt: Ich glaube nicht an ein System, sondern an den lebendigen Sohn Gottes, der so real in meinem Auto ist wie ich selbst. Und ich lernte etwas, das ich bis heute für entscheidend halte: An diesem Jesus hängt der Glaube und das Leben. Es hängt nicht an mir. Ich bin nicht verlässlich. Er ist es. Und von ihm aus entfalten sich dann der Glaube und das Leben.

Man hat es nicht gerne, es ist auch nicht schön, aber es muss sein: über Zweifel zu reden. Mein Glaube ist immer wieder ins Wanken geraten. Mal stärker, mal weniger stark. Während meines Studiums hauten mich diverse theologische Fragen fast um. Bis heute gibt es Momente, in denen ich mich frage, ob nicht alles doch ganz anders ist, als es die Bibel sagt oder als ich es verstehe. Dann quält mich die Frage, ob alles, was ich bezeuge und woran ich glaube, nicht im Grunde nur ein Gedankengerüst ist – psychologisch zu erklären –, ob meine Erfahrungen mit Gott nichts weiter als das Ergebnis von Autosuggestionen sind. Dann wiederholt sich mein Gefühl, das ich vor der roten Ampel in Düsseldorf hatte. Dann ziehe ich in Erwägung, ob die einzige Lösung für mich nicht doch der Agnostizismus ist, dass ich also im Grunde genommen nichts von Gott wissen kann.[16]

Ich halte es nicht für unnormal, dass man solche Gedanken hat. Ich meine, es ist eher normal. Deswegen erschüttert es mich, dass viele das Thema „Zweifel“ meiden. Das ist dumm. Denn natürlich gehen vom Zweifel Gefahren aus. Aber eine Gefahr, die man ignoriert, wird nur gefährlicher. Nur, wenn man ihr ins Auge blickt, wird sie kleiner.

Meine Zweifel und meine bohrenden Fragen haben am Ende immer dazu geführt, dass ich meinen Glauben noch konzentrierter allein auf Jesus Christus gegründet habe. Sie bewirkten, dass weniger verlässliche Dinge und Glaubensgrundlagen weichen mussten, sodass ich mein Leben wirklich allein auf Jesus Christus baue. Und das ist die gute, fast reinigende Funktion des Zweifels. Irgendwann kommt dieser Moment, an dem ich nichts weiß, nichts bezeugen kann, mich auf nichts verlasse, auch nicht auf meine Erfahrungen zurückgreife, in denen nichts da ist als allein die Gewissheit und manchmal nur die Ahnung: Der einzige wirklich zuverlässige Punkt im Kosmos, die einzige letzte Wahrheit ist Jesus Christus allein. Ob ich ihn immer richtig verstehe oder nicht, spielt keine so große Rolle. Er ist allein „die Wahrheit“ (Johannes 14,16).

Allein Christus

Man kann die zentrale Bedeutung von Jesus Christus nicht genug betonen. Man kann seine Herrschaft und Einzigartigkeit nicht ausreichend beschreiben. Christus ist die Mitte der Schrift und somit die Mitte der Verheißungen. Jesus diskutierte mit den Schriftgelehrten und sagte ihnen: „Ihr erforscht die Schriften, denn ihr meint, in ihnen ewiges Leben zu haben, und *sie* sind es, die von mir zeugen“ (Johannes 5,39) und später: „Denn wenn ihr Mose glaubtet, so würdet ihr mir glauben, denn er hat von mir geschrieben“ (Johannes 5,46). Es ist unmöglich, die Schriften ohne Christus zu verstehen.

In Christus erkennen wir Gott. Er ist „Ausstrahlung seiner (Gottes)

Herrlichkeit und Abdruck seines Wesens“ (Hebräer 1,3). Wer Christus sieht, der sieht Gott. Gott hat „zu uns geredet im Sohn“ (Hebräer 1,2). Deswegen folgert Paulus: „In ihm wohnt die ganze Fülle der Gottheit leibhaftig“ (Kolosser 2,9) und somit sind in ihm auch „alle Schätze der Weisheit und Erkenntnis verborgen“ (Kolosser 1,3). Durch Christus ist uns der Heilige Geist gegeben: „Ihr habt an Christus geglaubt, und er hat euch mit dem Siegel seines Heiligen Geistes, den er vor langer Zeit zugesagt hat, als sein Eigentum bestätigt“ (Epheser 1,13; NLB).

Man kann nicht genug von Jesus Christus sprechen und davon, wer er ist und was er bedeutet. Durch meine Zweifel habe ich tiefer verstanden, wie sehr es allein um ihn geht. Und beginnend bei ihm eröffnet sich die ganze Fülle von Themen und auch Wahrheiten.

Von diesem Jesus Christus sagt Paulus, dass in ihm die Bestätigung, die Erfüllung aller Gottesverheißungen erfolgt sei (2. Korinther 1,20). Wie zentral diese Feststellung ist, möchte ich an einer bestimmten Zusage – und ihrer Erfüllung – deutlich machen. Ich wähle eine Textstelle, die häufig falsch verstanden wird. Auch wenn es etwas kompliziert wird, lohnt es sich, daran nachzuvollziehen, wie zentral Jesus ist – und bleiben soll. Sie steht in Johannes 7: „An dem letzten, dem großen Tag des Festes aber stand Jesus und rief und sprach: Wenn jemand dürstet, so komme er zu mir und trinke. Wer an mich glaubt, aus dessen Leibe werden, wie die Schrift gesagt hat, Ströme lebendigen Wassers fließen. Dies aber sagte er von dem Geist, den die empfangen sollten, die an ihn glaubten, denn noch war der Geist nicht da, weil Jesus noch nicht verherrlicht worden war“ (Johannes 7,37-39).

Es handelt sich um das Laubhüttenfest. Jesus ist in Jerusalem. An diesem letzten Tag gossen die diensthabenden Priester Wasser um den Altar im Tempel. Wasser, ein so wertvoller Rohstoff, ganz besonders in den orientalischen Ländern. Wasser, Zeichen des Lebens.

Ich habe den Text oft gelesen und häufig etwas darüber gehört. Ich verstand, dass von demjenigen, der an Jesus glaubt, Ströme lebendigen Wassers fließen werden, also der Heilige Geist. Ich fand, das war eine tolle Verheißung. Na klar: Das wollte ich erleben. Aber ich muss sagen, dass ich oft enttäuscht von mir war. Da war so wenig zu spüren. Ich dachte oft, dass die Erfüllung dieser Verheißung doch ziemlich auf sich warten ließ ...

Ich habe schon einmal erwähnt, dass es in den ersten Schriften des Neuen Testaments keine Satzzeichen und keine Verseinteilungen gab. Ohne die sieht der Abschnitt so aus:

„An dem letzten dem großen Tag des Festes aber stand Jesus und rief und sprach wenn jemand dürstet so komme er zu mir und trinke wer an mich glaubt aus dessen Leibe werden wie die Schrift gesagt hat Ströme lebendigen Wassers fließen dies aber sagte er von dem Geist den die empfangen sollten die an ihn glaubten denn noch war der Geist nicht da weil Jesus noch nicht verherrlicht worden war."

Die Wassersymbolik durchdringt den Festtag. Wasser ist für jeden aus der damaligen Zuhörerschaft begehrenswert. Dann sagt Jesus diesen Satz und beim genaueren Hinsehen entdeckt man, dass der einleitende Ruf verständlich wird, wenn man weiß, dass in einer typisch aramäisch/hebräischen Sprachform vier Teile zueinandergehören und zwei sich ergänzende und verstärkende Aussagen ergeben.

„1a) Wenn jemand dürstet, 1b) so komme er zu mir,
2a) und (es) trinke, 2b) wer an mich glaubt."

Dann erst geht es weiter: „Aus seinem Leib, so sagt es die Schrift, fließen Ströme lebendigen Wassers." Es ist nun folgerichtig, den als die Quelle des lebendigen Wassers zu verstehen, zu dem die kommen, die trinken. Und das ist Jesus! Die Übersetzung „dessen" führt in die falsche Richtung. Es muss heißen: „aus seinem Leib/Inneren".

Dann folgt der letzte Teil der Aussage: „Das sagte er aber von dem Geist, den die empfangen sollten, die an ihn glaubten."

Damit würde die ganze Sache einen etwas anderen Sinn bekommen. Aus seinem Leib, also von dem, zu dem man kommen soll, um zu trinken, fließen Ströme. Die Kommenden werden empfangen: und zwar Heiligen Geist. Er fließt von Jesus zu denen, die an ihn glauben. Sie sollen den Geist empfangen.

Es geht hier also nicht um Geist, der von uns ausgeht. Es geht allein um das, was von Jesus aus geschieht! Was für eine Entlastung!

Die „Gute Nachricht Bibel" ist nach meiner Kenntnis die einzige in Deutschland, die das richtig übersetzt: „Wer durstig ist, soll zu mir kommen und trinken – jeder, der mir vertraut! Denn in den Heiligen Schriften heißt es: Aus seinem Innern wird lebendiges Wasser strömen."

Man rätselt bis heute, welche Schriftstelle da in Erfüllung geht. Es gibt verschiedene Vermutungen. In 2. Mose 20,8 ist von dem Fels die Rede, aus dem Wasser kommt. Und der Prophet Hesekiel (47,1-12) schaut den Strom von Wasser, durch den Gott mächtig wirkt. Beides sind Bilder, die davon sprechen, dass Gott sein Heil schenkt. Ein wortwörtliches Zitat ist Johannes 7 nach meinem Kenntnisstand nicht.

Damit wir uns nicht missverstehen: Wenn ein Mensch „Geist" empfängt, dann empfängt er damit viele Geschenke und Segen von Gott, und dann wird auch etwas von ihm zu anderen überfließen. Das will ich erwarten und das ist millionenfach bewiesen. Aber das ist nicht das, was in den Versen aus Johannes 7 in erster Linie steht. Der Text spricht vor allem von Jesus Christus und dass von ihm alles ausgeht.

Ich habe dieses etwas komplizierte Beispiel genommen, weil die bekannte Lesart symptomatisch ist für unsere Art, die Bibel zu lesen. Es geht uns oft viel zu sehr um den frommen Menschen. In Wahrheit geht es aber um Jesus, um Jesus allein. Er ist die Erfüllung der Schriften. Auf ihn läuft sie zu. Er ist zentral.

Natürlich war es genau dieser Anspruch, der Jesus so große Probleme machte. Er verkündete, es brauche keinen Tempel und keinen Opferkult mehr, denn in ihm liege das ewige Heil. Das war ein Frontalangriff auf den laufenden religiösen Betrieb in Jerusalem, den die Glaubenshüter verständlicherweise verteidigten. Und sie hatten gute Argumente auf ihrer Seite. Aber nur, solange nicht offenbar war, dass alles auf Jesus ankommt. In dem Moment, als Jesus starb, riss der riesige Vorhang im Tempel von oben bis unten durch. Dieser Vorhang hatte jedem Menschen den Zutritt zu Gott verwehrt, er symbolisierte das Grundproblem des Menschen: die Trennung von seinem Schöpfer. Nun war der Zugang zu Gott frei durch das Opfer von Jesus. Wofür noch einen Tempel?

Verständlicherweise brachte all diese Konzentration auf Jesus Unruhe. Das aber ist bis heute kaum anders. Betont man die zentrale Bedeutung von Jesus Christus, scheiden sich schon bald die Geister in Diskussionen und Gesprächen. Jesus kann nicht überbetont werden.

Jesus und das Glück

Es gibt inzwischen ein ganzes Forschungsgebiet, das Glück zum Gegenstand hat. Die kurzweiligste, intelligenteste und dabei noch witzige Zusammenfassung der vielen Forschungsergebnisse liefert wohl Dr. Eckart von Hirschhausen in seinem Buch *Glück kommt selten allein*. Seine Quintessenz könnte man so zusammenfassen, dass Glück immer nur von kurzer Dauer ist und stets an andere Faktoren gekoppelt ist. Wer das Glück auf direktem Weg sucht, wird es kaum finden; es kommt als Kompagnon zusammen mit anderen Werten wie zum Beispiel guten Beziehungen, Sinn, Gesundheit.

Was hier so leicht beschrieben wird, ist für unsere Glück suchende Zeit von großer Bedeutung. Dabei ist es nicht schlecht, glücklich sein zu wollen. Aber wie wird man es? Die Bibel gibt Beispiele und Glücksverheißungen.

Die Psalmen

„Glücklich der Mann, der nicht folgt dem Rat der Gottlosen, den Weg der Sünder nicht betritt und nicht im Kreis der Spötter sitzt, sondern seine Lust hat am Gesetz des Herrn und über sein Gesetz sinnt Tag und Nacht!“ (Psalm 1,1-2).

„Glücklich der Mann, der sich bei ihm (Gott) birgt!“ (Psalm 34,9).

„Glücklich der, dessen Hilfe der Gott Jakobs ist, dessen Hoffnung auf dem HERRN, seinem Gott, steht, der Himmel und Erde gemacht hat, das Meer und alles, was in ihnen ist, der Treue hält auf ewig“ (Psalm 146,5).

Die Psalmen enthalten viele solcher Glücksversprechen. Im alten Lutherdeutsch heißt das immer: „Wohl dem …", aber „Glücklich …" ist für uns besser verständlich. Menschen, die mit Gott in Beziehung stehen, sind glücklich. Dieses Glück kommt nebenbei, ganz im Sinne von Hirschhausen. Wer das Glück sucht und deswegen Gott sozusagen als notwendiges Übel in Kauf nimmt, der wird beides nicht finden. Wer hingegen Gott sucht und in Gemeinschaft mit ihm lebt, wird ganz nebenbei auf das Glück stoßen. Es macht mich glücklich, auf ihn zu hören, mich bei ihm zu bergen und auf seine Hilfe zu hoffen. Der Gott, der Himmel und Erde gemacht hat, ist mein Gott. Ich glaube, dass Glück schon jetzt beginnt.

Dietrich Bonhoeffer hat die kühne Behauptung aufgestellt, dass in den Psalmen Christus selbst betet, ja, dass er in David war, auf den viele Psalmen zurückzuführen sind.[17] Selbst, wenn von Christus nicht direkt die Rede ist, sei er doch in ihnen zu finden. Wenn wir glauben, dass Jesus Christus der Sohn Gottes ist, dann ist diese Behauptung nicht aus der Luft gegriffen. In den Gebeten Davids können wir Jesus selbst sprechen hören. So kann das alte Gebet eines Menschen zur Zusage Gottes für uns heute werden, weil Gott darin spricht. Ich habe das selbst oft erlebt (siehe S. 20 zu Psalm 18).

Die Seligpreisungen

Aber Jesus gab auch während seines Lebens Glücksverheißungen – vor allem in den sogenannten Seligpreisungen (Matthäus 5,1-12). Als „glücklich" werden von Jesus Menschen bezeichnet, denen es jetzt nicht gut geht, die Unglück erleiden oder die durch besondere Gaben (Sanftmut, Barmherzigkeit, Friedfertigkeit) das Unglück anderer auf ihr Herz nehmen. Sie sind nicht deshalb glücklich, weil es ihnen hier auf der Erde unbedingt gut geht und sich alles zum Besten auflöst. Sie sind glücklich, weil sie im Reich Gottes besonders beschenkt und belohnt werden.

Das Reich Gottes ist in Jesus angebrochen und deswegen schon da, aber es wird erst später vollendet und ist deswegen noch nicht ganz da. Diese Leute sollen aber in jedem Fall jetzt schon glücklich sein, weil sie – egal wann – die volle Belohnung bekommen werden. Sie sollen wissen: Gott sieht das alles und er wird alles ins rechte Lot bringen.

Ob wir die Psalmen oder die Seligpreisungen lesen, immer hängen die Worte an Jesus Christus. Letztere sind von Jesus selbst ausgesprochen worden, sie eröffnen die Bergpredigt. Damit macht Jesus deutlich, dass sein Augenmerk auf den Kranken, Armen, Hilfesuchenden liegt. Die Satten, Mächtigen und Nicht-Suchenden – die werden es schwer haben. Jesus spricht vor allem den Schwachen – seiner Zielgruppe – dieses Glück zu.

Glück kommt selten allein – ja, das wird durch die Bibel bestätigt. Oder sagen wir es umgekehrt: Von Hirschhausen bestätigt letztlich die Bibel.

Ich erlebe es so: Wenn ich zu sehr um mich selbst besorgt bin, wenn ich beginne, mein Leben perfekt zu inszenieren, dann werde ich unglücklich. Wenn es um *mein Glück* geht, dann wird es sich nicht einstellen. Wenn ich in meiner Ehe ausschließlich mein eigenes Glück suche, dann wird die Ehe sterben. Wenn ich inmitten einer sich dramatisch verändernden Welt ohne Gott glücklich sein will, dann muss ich mich auf mein „Privates" zurückziehen – und isoliere mich dabei.

Wenn es mir aber darum geht, Gott zu suchen, ihn zu ehren und in Beziehungen den Vorteil (das Glück) des anderen zu suchen, dann wird sich das Glück nebenbei einstellen. Wenn ich mit Gott verbunden bin, dann wird es genauso viel Schrecken und ungelöste Fragen geben, aber ich weiß, in wessen Hand ich bin. Wenn ich den Seligpreisungen folge, dann habe ich eine Richtschnur, und ich kann jetzt Unglück erleiden, weil ich weiß, dass Gott mir sein Glück zu seiner Zeit schenken wird.

Konkret kann das bedeuten, finanzielle Nachteile in Kauf zu nehmen, weil ich ehrlich bin, und deshalb hinter den Möglichkeiten anderer zurückzubleiben. Kurzfristig ist das nicht schön, macht aber langfristig glücklicher.

Oder ich verzichte auf Rechte, um dem anderen Barmherzigkeit zu zeigen und weil mir die Beziehung wichtiger ist als mein Recht. Ich brauche auch kein perfektes Umfeld mehr (wie z.B. ein noch schöneres Auto, ein besseres Smartphone, eine perfekte Wohnsituation), sondern lebe mit dem, was ich habe – und werde glücklich.

Ich muss ganz ehrlich sagen, dass ich dem, was ich in den letzten Zeilen beschrieben habe, oft selbst nicht folge. Ich möchte nicht den Eindruck vermitteln, als hätte ich das im Griff. Bei Weitem nicht. Aber ich will sagen, was die Bibel sagt. Ich glaube, dass es stimmt und dass ich und Sie davon profitieren, wenn wir uns daran orientieren. Und ich kann bezeugen, dass sich in den Momenten, wo es mir gelungen ist, mein Leben so auszurichten, das Glück eingestellt hat.

Und auch hier hängt alles an Jesus Christus. Er hat nicht sein Glück gesucht, sondern den Willen Gottes. Er hat nicht auf sein Recht gepocht, sondern wusste, dass sein Reich nicht von dieser Welt ist. Er hat gelitten, um der Menschen und um der „vor ihm liegenden Freude willen" (Hebräer 12,2-3). Und er verheißt das Glück, das kein Mensch geben kann: ewiges Leben (Johannes 11; 1. Johannes 2,25), vollkommene Freude (Johannes 15), Gemeinschaft mit Gott (1. Johannes 1,3) und echte Lebenskunst (Matthäus 11,28-30). Johannes spitzt diese Aussagen in dem einen Satz zu, der Zusage und Warnung zugleich ist: „Wer den Sohn hat, hat das Leben; wer den Sohn Gottes nicht hat, hat das Leben nicht" (1. Johannes 5,12).

Jesus is the answer – aber auf was eigentlich?

Vor Jahren wurde in der Verkündigung mit der Parole gearbeitet, dass Jesus die Antwort sei. Die Antwort auf alle Lebensfragen. Die Antwort auf die Frage nach Gottes Gnade. Mit diesem kurzen Slogan konnte man gut in der Öffentlichkeit auftreten. 1973 entstand das bekannte Lied von Andréa Crouch mit dem Text „Jesus is the answer, for the world today, above Him there's no other: Jesus is the way." (Deutsch: Jesus ist die Antwort für die Welt heute. Es gibt keinen anderen; Jesus ist der Weg.)

Nach einiger Zeit, wie das bei Slogans häufig geschieht, standen einige auf und meinten: „Okay, Jesus ist die Antwort, aber – was war denn die Frage?" Manche fühlten sich genervt von einer Antwort, nach der sie gar nicht gefragt hatten. Es hatte doch keiner gefragt nach Sündenvergebung, nach Gott, nach Heil, nach ewigem Leben, nach bleibenden Worten. In ihren Augen gab es nichts Bedeutsames, für das Jesus eine Antwort hätte sein können. Jesus war also nicht von Bedeutung.

Diese Kritik konnte ich zunächst nachvollziehen. Mir (und anderen) ging es ja eigentlich darum, erst einmal die Fragen der Menschen ernst zu nehmen und ihnen nicht eine Antwort zu geben, die sie nicht suchten. Wir wollten auf keinen Fall anderen etwas überstülpen. Das war so ziemlich das Schlimmste, was man machen konnte. Damit hatte man den Menschen schon verloren.

Sosehr etwas Wahres daran ist, dass ich den Empfänger einer Botschaft ernst nehmen muss, um überhaupt sinnvoll kommunizieren zu können, so falsch ist es, sich vom Empfänger einer Botschaft den Text schon vorgeben zu lassen. Genau das ist aber häufig geschehen und geschieht bis heute.

„Jesus ist die Antwort – es könnte sein, dass du die falschen Fragen stellst, wenn du ihn nicht hörst oder verstehst." Manche Christen sind entsetzt, solche Sätze zu hören oder zu lesen, weil sie das für unsensibel halten. Das Entsetzen wird sich legen, wenn man feststellt, dass Gott manches Mal (nicht immer, natürlich!) Antworten auf Fragen gibt, die keiner gestellt hat, und Dinge tut, um die keiner gebeten hat, und in einer Art und Weise auftritt, wie es kein Mensch erwartet hätte.

Als Mose (2. Mose 3,10-12) von Gott beauftragt wird, zum Pharao zu gehen und das Volk Israel aus Ägypten zu führen, stellt Mose die Frage: „Wer bin ich, dass du mich damit beauftragst?" Diese Frage beantwortet Gott nicht. Er erklärt Mose nicht, dass er die ideale Besetzung für diesen Job ist. Stattdessen sagt er: „Ich bin ja mit dir." Diese „Antwort" reicht. Moses eigentliche Frage bleibt unbeantwortet, weil es einfach nicht darum geht, wer Mose ist. Es geht darum, wer Gott ist.

Die Juden vor 2000 Jahren hatten einen Heilsbringer erwartet, der die politische Situation in Israel verändert und die drückende Last römischer Besatzungsstruktur erleichtert. Das aber schien Jesus nicht zu kümmern. Seine Antwort entsprach also nicht der Frage seiner Leute. Er war der Messias, ja, aber nicht als militärischer Führer. Sein ganzes Kommen sprach eine völlig andere Sprache.

Ein weiteres Beispiel: Die vier Freunde und der Gelähmte (Lukas 5,17-26), den sie zu Jesus brachten, erwarteten körperliche Heilung. Stattdessen sagte Jesus dem Mann auf der Tragematte: „Deine Sünden sind dir vergeben" (Lukas 5,20). Darum hatte aber eigentlich niemand gebeten, und der Gelähmte war sicherlich entsetzt, zumindest enttäuscht. Zwar erfolgte danach noch die Heilung, aber die Reihenfolge ist schon bemerkenswert und auch die Begründung für die Heilung. Sie geschah nur, damit die murrenden Pharisäer und Schriftgelehrten ein Indiz für die Vollmacht bekamen, die Jesus hatte (Lukas 5,24).

Paulus schreibt, die Juden verlangen Zeichen, die Griechen Weisheit, „wir aber predigen Christus als gekreuzigt, den Juden ein Ärgernis und den Nationen eine Torheit" (1. Korinther 1,23). Das Kreuz Christi ist der Inbegriff davon, dass Gott Antworten gibt, mit denen keiner gerechnet hat. Der Sohn Gottes soll an einem verfluchten römischen Folterwerkzeug gestorben sein, wie ein Aussätziger, wie ein Gesetzloser? Das soll Gottes Antwort auf die bohrenden Fragen der Menschen sein? Was am Kreuz geschieht, kann von keinem Menschen mit dem Verstand erfasst werden. Viele finden abstoßend, was dort geschehen ist. Keiner hat danach erfragt und es gewollt, und doch ist es die eine, zentrale und mächtige Antwort Gottes: Christus, der Gekreuzigte.

Man sollte also damit rechnen, Gott noch nicht verstanden zu haben, wenn man meint, Jesus sei irrelevant. Vielleicht stellen wir noch die falschen Fragen, wenn wir meinen, Gott könne unsere Fragen nicht beantworten. Denn alles in der Heiligen Schrift und in der Lehre der gesamten Kirche aller Jahrhunderte muss auf den einen zulaufen und findet allein in ihm seine Bedeutung und seinen Halt: Jesus Christus. Alles hängt an ihm. Auch jede Zusage.

Kapitel 6

Heikel

Von Voraussetzungen und Bedingungen

Das Thema dieses Kapitels ist ein heißes Eisen. Überhaupt von Bedingungen für etwas, was Gott gibt, zu sprechen, scheint unerhört zu sein. Ich bin überzeugt von der bedingungslosen Liebe Gottes. Das ist ja gerade das Besondere und für die menschliche Logik schwer Verständliche daran, wie uns Gott begegnet! Aus dieser bedingungslosen Liebe heraus hat Gott Jesus gesandt! Hätte er Bedingungen daran geknüpft, dann wäre daraus nie etwas geworden. Hätte er darauf gewartet, dass wir uns gut benehmen oder genügend beten, dann hätte er seine Liebe bis heute nicht in Jesus Christus offenbaren können. Das ist das Wunder der göttliche Liebe, das Wesensmerkmal der *agape,* dass sie bedingungslos gilt.

Aber gilt das für alles, was Gott uns zu sagen und zu geben hat? Wird daraus ein Prinzip, das auf alles anzuwenden ist, was über Gott zu sagen ist? Nein.

„Bewegung 8. Juni"

Kennen Sie die „Bewegung 8. Juni"? Nein, keine Sorge, sie ist nicht zu verwechseln mit der terroristischen „Bewegung 2. Juni" aus den 70er-Jahren. Mit einem Freund und Kollegen habe ich sie vor einigen Jahren – nicht ganz ernsthaft – ins Leben gerufen.

Aber warum „8. Juni"? Und worum geht es überhaupt?

Alles der Reihe nach. Mein Freund war gleichzeitig mein Arbeitskollege und wir haben gemeinsam sehr viele Situationen erlebt, in denen wir nicht mehr weiterwussten. Wir haben empfunden, dass uns der Durchblick in unserer Arbeit fehlt. Es ging dabei um Situationen in Städten und Ländern, in denen wir als Pioniere tätig waren. Es ging um die Gründung neuer Gemeinden, es ging um die Frage, wie Jesus Christus in diesen Ländern verkündigt werden kann. Es ging um die brennende soziale Not vieler Menschen. Wir haben gemeinsam manches Neue begonnen oder verantwortet. Dabei entstehen immer reichlich Konflikte, es müssen Entscheidungen getroffen werden, Menschen sind zu begleiten, zu ermutigen und beraten oder zu führen. Wir berieten uns häufig, wir beteten, wir fragten andere.

Und ständig, fast täglich, fühlten wir uns wie kleine dumme Jungen, die ratlos vor einer unüberwindbaren Aufgabe standen. Das ist äußerst unangenehm, vor allem, wenn man dieses Bild von sich gar nicht haben möchte. Ich hatte schon eine Ausbildung, ein Studium, erste Diensterfahrungen und manche Bewährungsprobe hinter mir. Und überhaupt: Ich sollte doch die ganze Arbeit leiten – und von einem Leiter erwartet man Führungsstärke und Kompetenz. Dennoch fühlte ich mich dumm und überfordert. Ich mochte dieses Gefühl nicht und mag es bis heute nicht. Aber es war da.

In dieser Zeit stieß ich auf einen Text von dem bereits zitierten C.H. Spurgeon. In seinem Büchlein *Kleinode göttlicher Verheißungen* hat er für jeden Tag des Jahres eine biblische Verheißung mit einem kurzen, erläuternden Text herausgegeben. Hier kommt nun endlich der 8. Juni ins Spiel. An diesem Tag nämlich behandelt Spurgeon Jakobus 1,5: „Wenn aber jemand von euch Weisheit mangelt, so bitte er Gott, der allen willig gibt und nichts vorwirft, und sie wird ihm gegeben werden."

Dazu schreibt er:

> *„Wenn aber jemand von euch Weisheit mangelt …" Es gibt kein „Wenn" in der Sache, denn ich bin gewiss, dass mir Weisheit mangelt. Was weiß ich denn? Wie kann ich meinen eigenen Weg gehen? Wie kann ich andere führen? Herr, ich bin eine Masse von Torheit, und Weisheit besitze ich nicht.*

Du sprichst „… der bitte Gott!“ Herr, so bitte ich jetzt! Hier zu deinen Füßen bitte ich, mich mit himmlischer Weisheit auszurüsten für die schwierigen Dinge dieses Tages und für die einfachen ebenfalls; denn ich weiß, ich kann sehr Albernes tun, sogar in sehr einfachen Dingen, wenn du mich nicht vor Schaden behütest.
Ich danke dir, dass das Bitten alles ist, was ich zu tun habe. Wie gnädig von dir, dass ich nur im Glauben zu beten brauche, und dass du mir dann Weisheit geben willst. Du sagst mir eine gute Erziehung zu und dazu eine ohne einen zornigen Lehrer und einen scheltenden Schulmeister. Du willst sie auch ohne Bezahlung gewähren – sie einem Toren gewähren, dem es an Weisheit mangelt. Herr, ich danke dir für dies bestimmte und ausdrückliche Wort: „sie wird ihm gegeben werden.“ Ich glaube, du willst dein Kind heute die verborgene Weisheit erkennen lassen, die die fleischlich Klugen niemals lernen. Du willst mich nach deinem Wort leiten und mich endlich mit Ehren annehmen (Psalm 73,24). [18]

Es ist stark, wie schonungslos und wortgewaltig Spurgeon sich selbst beschreibt: „eine Masse von Torheit“, „ich kann sehr Albernes tun, sogar in einfachen Dingen“. Das ist ungeschönt, damit kann ich mich identifizieren.

Es folgt seine Bitte um Weisheit für schwierige und auch (!) einfache Dinge. Er schließt mit der Gewissheit, dass Gott seine Verheißung erfüllt. Diese Gewissheit ist gegründet auf das Wort aus dem Jakobusbrief. Die Weisheit wird ihm gegeben werden.

Bei mir schlug der Text ein, bei meinem Freund auch. Diese Worte halfen uns, unsere eigene Situation und dieses unangenehme Gefühl, dass wir uns manchmal wie dumme Jungen vorkamen, anzunehmen. Die Worte der Gewissheit halfen uns, mit Gottes Hilfe zu 100 Prozent zu rechnen. Wir wollten uns das merken. Und wir wollten immer in Bewegung bleiben, hin zu Gott, der Quelle aller Weisheit. Er würde uns mit seinem Rat zur Seite stehen. Das hat uns Mut gemacht und sehr befreit. Wir fühlten uns wie kleine Jungen – aber mit einem großen Gott. Das geht mir bis heute so und deswegen bete ich bis heute um Weisheit.

Übrigens nehmen wir noch Mitglieder in die Bewegung auf …

Die berechtigte Frage, ob Gott denn seine Verheißung tatsächlich erfüllt und uns mit Weisheit erfüllt hat, können wir nicht beantworten. Würden wir sagen „Ja", dann hätten wir mit dieser Antwort bewiesen, dass Gott uns nicht weise gemacht hat. Würden wir sagen „Nein", dann klänge die Antwort nicht sehr optimistisch im Hinblick darauf, dass Gott seine Zusagen erfüllt. Wir überlassen es anderen, das zu beurteilen. Aber wir rechnen damit. Wir glauben es. Oder bescheidener ausgedrückt: Wir ahnen, dass wir ohne Gottes Weisheit im absoluten Desaster gelandet wären.

Aber ist Gottes Weisheit einfach so zu haben? Sagt er sie jedem in jeder Situation und unter jeder Voraussetzung zu?

Wann die Verheißung eintritt

Allein in diesem Text sind verschiedene Bedingungen bzw. Voraussetzungen auszumachen. Gott schenkt die Weisheit, ganz sicher. Aber nicht bedingungslos.

- Zuerst muss ein Mensch wahrnehmen, dass er Weisheit nötig hat. Er muss erkennen, wie hilfsbedürftig er ist.
  Wenn ich mich für klug halte, dann werde ich Gottes Hilfe nicht erfahren. Die Pharisäer waren feine, fromme Leute, sie nahmen es ernst mit Gott und dem Glauben und der Schrift. Aber brauchten sie Hilfe? Viele meinten, nein. Das war ihr größtes Problem. Jesus war für Sünder gekommen wie ein Arzt für Kranke. Wenn ein Kranker nicht einsieht, dass er Hilfe braucht, riskiert er sein Leben. Wenn ein Mensch meint, Gott nicht nötig zu haben, dann wird er nicht nach ihm fragen. Das

ist gefährlich, denn damit sitzt er der irrigen Meinung auf, das Leben ohne Gott meistern zu können. Und wenn ein Mensch meint, die Weisheit mit Löffeln gefressen zu haben, dann wird er nicht nach Weisheit fragen. Insofern ist das Gefühl, sich wie ein kleiner dummer Junge zu fühlen, gar nicht schlecht. Es ist die Voraussetzung dafür, dass ich Hilfe suche.
Die Botschaft an die Gemeinde in Laodizea lautete: „Du sagst: ‚Ich bin reich. Ich habe alles, was ich will. Ich brauche nichts!‘ Und du merkst nicht, dass du erbärmlich und bemitleidenswert und arm und blind und nackt bist“ (Offenbarung 3,17; NLB). Das größte Problem der Gemeinde war also nicht, hilfsbedürftig zu sein. Das größte Problem war, dass sie das gar nicht wahrnahm und sich stattdessen für reich hielt, dass sie meinte, alles zu haben.
Stolze Menschen leben gefährlich. Sie werden Gott nicht um Hilfe bitten. In unserer medienabhängigen Glitter- und Glimmerwelt müssen Menschen funktionieren und sich darstellen können, um weiterzukommen. Bei den wichtigen Themen und bei Gott ist es genau anders. Das Problem ist nicht, „arm, blind und nackt“ zu sein. Das Schlimmste ist, wenn man es sich nicht eingesteht.

- Zweitens muss ein Mensch um Weisheit beten, er muss vor Gott seine Bedürftigkeit aussprechen.
  Man sagt es vor allem Männern nach, dass sie nicht nach dem Weg fragen, auch wenn sie keine Ahnung mehr haben, wo es langgeht. Ich kenne zwar inzwischen genügend Gegenbeweise, aber ich will hier keine Geschlechterdebatte lostreten. In jedem Fall gibt es das Phänomen. Es sagt etwas darüber aus, wie wir Menschen gestrickt sind. Entweder haben wir Angst davor, zu fragen, oder wir sind zu bequem oder stolz, oder wir sind Abenteurer und wollen mit unserem Instinkt und dem Kompass zum Ziel kommen. Dabei ist klar: Nur wer fragt, bekommt eine Antwort.

Wenn ich nur meine Hilfsbedürftigkeit erkenne, aber nicht weiß, wohin ich mich wenden soll, oder keinen Notruf abgeben will, dann habe ich ein ernsthaftes Problem. Wir hatten auf einer Bergwanderung einen Unfall. Es war schnell klar, dass wir die verunfallte Person nicht bis ins Tal tragen konnten. Daher mussten wir die Bergrettung anrufen. Es gab allerdings keinen Handyempfang. Zum Glück lag die nächste Hütte nur fünfzehn Minuten entfernt. Also nichts wie hin und um Hilfe bitten. Der Rettungshubschrauber war innerhalb von zehn Minuten da – aber eben erst, nachdem wir um Hilfe gerufen hatten. Gott will wissen, ob wir meinen, ihn wirklich zu brauchen, und ob wir von ihm Hilfe erwarten. Das Gebet ist ein Ausdruck unserer Hilfsbedürftigkeit.
Wer sein Problem erkennt, aber nicht betet, verliert sich entweder in Selbstmitleid oder in eigenen Versuchen, das Problem zu beheben. Beides ist zu wenig.

- Drittens muss der Mensch glauben, dass Gott reagiert.
  Glaube vertraut darauf, dass es so ist, wie Gott es sagt. Neulich suchten wir in Köln einen ganz bestimmten Platz. Eine Frau wies uns eine grobe Richtung an, die mich überraschte. Ihren Worten konnte ich entnehmen, dass sie sich selbst unsicher war. Wir folgten daher nicht ihrem Rat, sondern unserem Orientierungsvermögen. In diesem Fall war das sinnvoll. Wenn sich aber jemand wirklich auskennt, ist es gut, seinem Rat zu folgen. Durch mein Handeln beweise ich, ob ich jemandem wirklich vertraue. Nur, wenn ich seinen Empfehlungen folge (erste rechts, zweite links), zeige ich, dass ich seiner Auskunft Glauben schenke. Wenn ich einen Notruf losschicke, dann zugleich aber eigene Rettungswege gehe, findet mich der Rettungshubschrauber nicht mehr. Glaube nimmt die Verheißung und sagt: So ist es. Spurgeon drückt es dadurch aus, dass er direkt „Danke“ sagt. Dadurch wird deutlich, dass er glaubt, dass ihm die Weisheit jetzt gegeben wird. Sie bleibt geschenkte

Weisheit, auf die er sich nichts einbilden kann. Darin liegt gerade ihre Besonderheit.

Sehr häufig sind Verheißungen Bedingungen zugeordnet, wie wir zum Teil bereits gesehen haben:

„Seid um nichts besorgt, sondern lasst in allem durch Gebet und Flehen mit Danksagung eure Anliegen vor Gott kundwerden, und der Friede Gottes, der allen Verstand übersteigt, wird eure Herzen und eure Gedanken bewahren in Christus Jesus" (Philipper 4,6-7; Hervorhebung meine).

Als Mose die Verheißung bekam, dass Gott für ihn kämpfen würde, da mutete er ihm dennoch etwas zu: *„Erhebe den Stab und strecke deine Hand über das Meer aus und spalte es …"* (2. Mose 14,16; Hervorhebung meine).

„Jeder, *der den Namen des Herrn anrufen wird,* wird errettet werden" (Römer 10,13; Joel 2,32; Hervorhebung meine).

„Der Engel des HERRN lagert sich um die her, *die ihn fürchten,* und er befreit sie" (Psalm 34,8; Hervorhebung meine).

Die Liebe Gottes ist bedingungslos. Auch die Verheißung ist bedingungslos gegeben. Aber ihre Wirkung entfaltet sie oft erst dann, wenn die Bedingungen erfüllt sind. Deswegen muss man sie lesen und zur Kenntnis nehmen und – falls erforderlich und möglich – sich danach richten.

Es ist also nötig, das Umfeld einer Verheißung zu erforschen und die Bedingungen – wenn es sie gibt – zu kennen.

Glaube als Bedingung – eine heikle Angelegenheit

Ich lese häufig in der Bibel, dass Glaube eine Voraussetzung für das Handeln Gottes ist. Ich lese, dass sich das Vertrauen auf Gott in bestimmten Verhaltensweisen zeigen muss und zeigen wird. Israel wurde aufgefordert: „Vertraut auf den Herrn für immer, denn der HERR ist ein ewiger Fels" (Jesaja 26,4). Von Jesus wird in der schon erwähnten Geschichte von den vier Freunden und dem Gelähmten gesagt: „Und als er ihren Glauben sah, sprach er: Mensch, deine Sünden sind dir vergeben“ (Lukas 5,20). Glaube wird herausgefordert, erwartet und ist ein Schlüssel zu den Wirkungen der Zusagen Gottes. Luther sagte, nachdem klar war, dass „allein Christus“ (solus christus) das Heil bewirke, dass die Rettung „alleine durch Glauben“ (sola fide) komme.

Der Punkt ist deswegen heikel, weil im Laufe der Geschichte bis heute immer wieder aus dieser Beobachtung ein Umkehrschluss gezogen wird, der schwierig ist. Manche Leute behaupten, dass es der mangelnde Glaube ist, wenn beispielsweise eine Heilung nicht eintritt. Sie suchen die Schuld beim Menschen, wenn ein Gebet nicht erfüllt wird, wie es der Beter erwartet hat. Sie beten und sagen im Glauben „Danke“ und machen daraus ein Schema. Ich kenne Familien, die zerrissen sind, weil die einen Mitglieder frommen Druck aufgebaut haben auf die anderen, die noch nicht für das Erbetene im Glauben danken können.

Heikel ist dieser Punkt auch deswegen, weil man auf beiden Seiten vom Pferd fallen kann. Und genau das geschieht leider in vielen Gemeinden und, ich muss es eingestehen, auch in meinem eigenen Leben. Einerseits lehne ich diesen geistlichen und überfrommen Druck und die Zuweisung der „Schuld“ auf den „Nicht-Glaubenden“ ab. Andererseits verbaue ich mir in einer fast trotzigen Haltung oft den Weg zu stärkerem Vertrauen und der Aufforderung: „Vertraut auf den Herrn für immer!“ So dümpele ich dahin, weiß theoretisch, was richtig ist, aber erlebe wenig. Doch der Glaube soll ja ins Leben!

Es bleibt richtig: Der Glaube ist eine Bedingung! Darüber müssen wir sprechen und uns zum Glauben ermutigen. Wir dürfen nicht aus lauter Angst und der Erfahrung, dass dies missbraucht werden kann, diese Bedingung aushöhlen. Es darf nur niemals der zwingende Umkehrschluss gezogen werden, dass der mangelnde Glaube der Grund für nicht erhörtes Gebet ist.

Mein Wunsch ist, dass es uns gelingt, aus dem heiklen Punkt eine dynamische Lebenserfahrung zu machen. Ich bin davon überzeugt, dass Gott das will.

An drei Beispielen zeige ich, was das bedeuten kann:

Einen langen Atem haben und Gottes Willen tun

Der Hebräerbrief geht an eine Gemeinde, die gerade dabei war, die Flinte ins Korn zu werfen und den Glauben an den Haken zu hängen. Sie hatte gut mit Jesus und dem Glauben und den Zusagen Gottes angefangen. Aber nach einigen Jahren war sie kurz davor aufzugeben. Allen Menschen und Gemeinden, denen es ähnlich geht, gilt der Brief bis heute. Es findet sich der folgende Satz darin: „Denn Ausharren habt ihr nötig, damit ihr, nachdem ihr den Willen Gottes getan habt, die Verheißung davontragt" (Hebräer 10,36).

Je stärker meine Gewissheit – man kann es auch Überzeugung oder Glauben nennen – ist, dass etwas eintreffen wird, desto größer meine Fähigkeit, darauf geduldig zu warten und unter Umständen in unangenehmen Situationen auszuharren. Der Hebräerbrief motiviert dazu, auf die Erfüllung der Zusagen Gottes zu warten – erwartungsvoll und ausdauernd. Ohne Ausharren keine Zusage. Wer diese Spannung nicht aushält, wird Gottes Zusagen verlieren. Und, so sagt es der Brief, es gehört dazu, Gottes Willen zu tun. Ich rede keinem „perfektionistischen Christsein" das Wort, aber wer sich um Gottes Willen nicht kümmert, kann mit Gottes Zusagen nicht rechnen.

Da wir in einer Kultur leben, in der wir es uns angewöhnt haben, unsere Wünsche möglichst schnell zu befriedigen – seien sie materieller oder sexueller oder emotionaler Natur –, ist es für uns schwer geworden, auf die Erfüllung eines Versprechens lange zu warten. Die Bibel sagt jedoch, dass wir das einüben müssen.

Gottes Zusage ist gegeben. Aber die Gemeinde soll ausharren, geduldig sein, einen lange Atem beweisen. Und Gottes Willen tun.

Für die Mühseligen und Beladenen

Es gibt eine Zusage von Jesus, die Menschen ganz besonders berührt. Im alten Lutherdeutsch ist es der sogenannte „Heilandsruf":

„Kommt her zu mir, alle ihr Mühseligen und Beladenen, und ich werde euch Ruhe geben. Nehmt auf euch mein Joch, und lernt von mir, denn ich bin sanftmütig und von Herzen demütig, und ihr werdet Ruhe finden für eure Seelen, denn mein Joch ist sanft und meine Last ist leicht“ (Matthäus 11,28-30).

Die ersten Adressaten waren die Juden, die unter der Last der pharisäisch-autoritären Reglementierung stöhnten. Sie wurden angehalten, kleinste Kleinigkeiten zu beachten, um als wahre Juden angesehen zu werden. In Diskussionsrunden waren sie sicherlich nicht die Gewinner. Sie konnten sich gegen den stechenden Verstand der Schriftgelehrten nicht zur Wehr setzen. So verstummten sie und versuchten, es den Führern recht zu machen. Die Religion wurde zur Last, die das Leben niederhielt. Pausenloser Druck machte das Herz ängstlich. Ständig lähmte sie die bohrende Frage, ob sie alles gut genug gemacht hatten.

Diesen ersten Hörern gab Jesus die Zusage: Ich gebe euch Ruhe. Gleichzeitig nannte Jesus eine Bedingung: Kommt zu mir.

Die ersten Leser des Matthäusevangeliums waren vor allem Menschen mit jüdischem Hintergrund. Viele werden, davon kann man ausgehen, den „Heilandsruf“ genau so verstanden haben wie die ersten Hörer.

Heute wenden wir die Einladung und die Verheißung sehr schnell auf uns an, egal, mit welcher Last wir beladen und mit welcher Mühsal wir beschwert sind. Die Last der modernen Arbeitswelt. Die Mühsal elterlicher Verantwortung. Psychische Belastungen. Es gibt enorm viele beladene Menschen. Es gab sie immer. Es wird sie immer geben. Ich glaube, dass Jesus auch diese Menschen im Blick hatte, obwohl sie nicht zur ersten Hörerschaft gehörten. Ich glaube, dass Jesus ein Experte in Sachen „Mühselige und Beladene“ ist, egal, was sie drückt. Das zeigt sein gesamtes Leben, in dem er gerade ihnen auf eine neue Art und Weise begegnete: Die Hirten waren die ersten Empfänger der Nachricht, dass er geboren worden war; Huren, der Abschaum der Gesellschaft, begegnete er mit Respekt; Kranke, die verdächtigt wurden, durch ihre Sünde die Krankheit auf sich gezogen zu haben, spricht er frei von diesen Sorgen und heilt sie.

Gibt es Bedingungen für diesen „Heilandsruf“? Ja, sogar vier, ohne dass sie alle explizit als solche genannt sind.

Erstens muss einer mühselig und beladen sein. Ein Mensch, der gerade sehr gut drauf ist, dem nichts fehlt, der eine Phase der Leichtigkeit durchlebt, wird das, was Jesus dort verheißt, wohl nicht erleben. Warum sollte er Ruhe finden? Wofür wäre das gut? Er steht mitten im Saft und freut sich des Lebens.

Zweitens muss ein Mensch seine Last auch wahrnehmen. Es gibt viele Beladene, die einfach weiter laufen und laufen, deren Leben kurz vor dem Zusammenbruch steht, die das aber gar nicht merken. Sie funktionieren. Sie können es sich und anderen gegenüber gar nicht eingestehen. Ihr Leben gleicht einem mühsam aufgebauten Kartenhaus, das nach außen hin perfekt wirkt. Jedes Eingeständnis, dass sie überladene Menschen sind, würde dieses Haus zum Einsturz bringen. Das wollen sie nicht, deswegen gestehen sie sich das nicht ein. Bei solchen Leuten kommt es irgendwann zu psychosomatischen Erkrankungen oder zum Burn-out.

Drittens muss ich, wenn ich mühselig und beladen bin, zu Jesus kommen. Das heißt, seine Gemeinschaft suchen. Meine Lasten zu ihm bringen. Beten.

Viertens – man traut sich kaum, das als Bedingung zu bezeichnen – muss ich bereit sein, „sein Joch" auf mich zu nehmen. Ein Joch war schließlich eine Erleichterung für Zugtiere, damit sich die Last, die sie über das Zuggeschirr zogen, nicht so tief in ihren Körper drückte. Ganz ohne Joch geht es nicht. Ohne Bild heißt das: Jesus lehrt die, die kommen, zu leben. Seine Lebensschule ist eine Schule der göttlichen (und damit biblischen) Lebensweisheit. Das Joch heißt: „Lernt von mir." Es geht also nicht nur darum, Last bei ihm loszuwerden, sondern auch, mit Lasten leben zu lernen, trotz Mühsal zu leben, im besten Sinne des Wortes.

Ein letzter Aspekt verdient unsere Beachtung. Vor diesem gern zitierten „Heilandsruf" stehen Worte Jesu, die weniger gern gelesen werden. Jesus dankt darin Gott, dass er sich den Weisen und Verständigen gegenüber verborgen hält und dass er sich den Unmündigen gegenüber offenbart.

Man könnte Jesus so verstehen, als sei Bildung ein echter Nachteil, wenn es darum geht, Gottes Offenbarung zu empfangen. Und tatsächlich: Wenn Bildung zur Einbildung führt, ist das der Fall. Wenn Bildung jedoch bewirkt, dass ein Mensch demütig wird oder sich eingesteht: „Ich weiß, dass ich nichts weiß"[19], dann ist Bildung recht verstanden. Häufig wird gute Bildung zu einem Machtapparat, einem Schutzwall von Argumenten und sogar Besserwisserei, der gerne auch zur Manipulation anderer eingesetzt wird. So verhielten sich die Schriftgelehrten zur Zeit Jesu (zum Teil). Deswegen verbirgt sich Gott den Weisen und Verständigen gegenüber. Ihr Hochmut und ihre Arroganz trennen sie von den Zusagen Gottes. Die Botschaft von der Herrschaft Gottes in Jesus ist eine, die den einfachen Menschen Befreiung schenkt.

Es ist keine Voraussetzung, ungebildet zu sein. Aber es ist eine Voraussetzung, sich seine Hilfsbedürftigkeit einzugestehen, auch Hilfe dafür, die Wahrheit zu erkennen. Das gilt unabhängig davon, wie gebildet eine Person ist.

Eine Zusage Gottes als Soforthilfe

Ich habe in meiner Bibel immer wieder Daten an den Rand geschrieben. Sie markieren Tage und Ereignisse, an denen Gott durch einen Bibelvers ganz besonders zu mir gesprochen hat.

Neben Psalm 81,7 steht das Datum 2.11.1995. Was war geschehen?

Nach zweieinhalb Jahren an meiner ersten Arbeitsstelle machten Susanne und ich das erste Mal einen längeren Urlaub. Es war vorher nicht gelungen, aus welchen Gründen auch immer. Im November 1995 flogen wir dann auf eine kanarische Insel und fanden ein schönes, kleines Zimmer. Der Strand war zu Fuß zu erreichen.

Am ersten Morgen des Urlaubs las ich Psalm 81. Der Vers 7 war der Start in einen entlastenden und befreiten Urlaub: „Ich habe von der Last befreit seine Schulter, seine Hände lösten sich vom Tragkorb."

Ein Bild stand vor meinen Augen. Das Bild eines Mannes, der überall extrem bepackt ist. Seine Schultern werden niedergedrückt. Riemen schneiden sich in seinen Rücken. In den Händen hält er Körbe. Auch hier schneiden sich die Riemen in die Hände.

Ich erinnerte mich: Wenn ich zum Beispiel über längere Zeit Getränkekisten oder bei einem Umzug schwere Möbelstücke die Treppe heruntertrug und dann endlich loslassen konnte, blieben die Finger zunächst gekrümmt. Es tat fast weh, die Last loszuwerden.

Ich las diesen Vers und ich nahm die Verheißung als Gottes persönliches Wort an mich: Du hast in den letzten zwei Jahren hart gearbeitet. Du hast Lasten getragen. Jetzt kommt eine andere Zeit. Ich nehme die Last von deinen Schultern. Deinen Tragkorb kannst du aus der Hand legen. Die Verantwortung soll dich nicht drücken. Ich gebe dir Ruhe! Ich ent-laste dich. Ich kümmere mich um die Gemeinde, es ist schließlich meine." Ich ließ alles bei Gott los und hatte das Gefühl, mich aufrichten zu können, ich spürte es körperlich, dass ich nun ohne Last und „Tragkorb" den Urlaub genießen konnte. Ich fand es nett, dass Gott mir direkt am Anfang diese Verheißung gab, sodass ich die vor mir liegenden Wochen genießen konnte. Es war wohl nötig gewesen. Aber auch hier war eine Voraussetzung eingeschlossen: Ich musste loslassen und vertrauen. Was hilft mir die Verheißung, wenn ich die Lasten festhalte und bezweifle, dass Gott sich bestens um alles kümmert?

Vertrauen ist nicht die Voraussetzung dafür, dass Gottes Zusagen gelten, aber dafür, dass sie wirken.

Kapitel 7

Zweiseitig

Droh- und Frohbotschaft, Warnung und Zusage

Mit diesem Buch will ich bewirken, dass viele Menschen die Zusagen Gottes als Grundlage und Kraftquelle für ihr eigenes Leben entdecken. Der Kern der Botschaft, die Gott uns gibt und von der wir leben, ist gute Nachricht. Es ist das Evangelium. Ich habe bereits anhand einiger Beispiele erläutert, welche Veränderungen damit einhergehen.

Jeder, der die Bibel liest, wird allerdings schnell feststellen, dass es auch die andere Seite gibt: schlechte Nachrichten, bedrohliche Botschaften, die Beschreibung von elenden Zuständen, die Ankündigung von negativen Ereignissen. Jeder redliche Mensch wird einsehen, dass es nicht durchzuhalten ist, sich nur die guten Botschaften herauszupicken und die schlechten zu ignorieren. Ein solches Verfahren wird nicht lange gut gehen. Um die Kraft der Zusagen zu erfahren, wird es daher Zeit, dass wir uns auch mit den schlechten Nachrichten ernsthaft beschäftigen.

Im vorherigen Kapitel habe ich den oft zitierten Satz von Jesus aufgegriffen: „Kommt her zu mir, alle ihr Mühseligen und Beladenen! Und ich werde euch Ruhe geben“ (Matthäus 11,28). Das ist Heilszusage in dichtester Form.

Doch wenn wir nicht nur das (zumindest in der Lutherbibel) Fettgedruckte lesen, entdecken wir nur wenige Verse zuvor ganz andere Sätze von Jesus: „Weh dir, Chorazin! Wehe dir, Betsaida. Denn wenn in Tyrus und Sidon die Wunderwerke geschehen wären, die unter euch geschehen sind, längst hätten sie in Sack und Asche Buße getan. Doch ich sage euch: Tyrus und Sidon wird es erträglicher ergehen am Tag des Gerichts als euch. Und du Kapernaum, (meinst du,) du werdest etwa bis zum Himmel erhöht werden? Bis zum Hades wirst du hinabgestoßen werden ... Dem Sodomer Land wird es erträglicher ergehen am Tag des Gerichts als dir“ (Matthäus 11,21-24). Das sind harte Worte, gesprochen von Jesus Christus. Sie passen gar nicht zu dem Image eines weichlich säuselnden Wüstenpropheten, das ihm manchmal anhaftet. Er sagt das Gericht an, in dem es den Bewohnern der Städte Chorazin, Betsaida und Kapernaum, drei Städte am See Genezareth, schlecht ergehen wird. Ist nicht schön, steht aber da.

Jesus hatte in diesen Städten gewirkt, aber die Menschen hatten ihn und seine Botschaft abgelehnt. Im Gericht, so drohte Jesus, würde es ihnen schlecht ergehen. Schlechter als Sodom! Schlechter als Tyrus und Sidon. Sodoms Schicksal ist in 1. Mose 19 beschrieben, das der beiden anderen Städte in Jesaja 23. Jesus meinte, dass die Bewohner dieser drei Städte zu Gott umgekehrt wären, wenn sie das gesehen hätten, was in den jüdischen Städten geschah: die Wunderwerke Jesu. „Es wird ihnen erträglicher ergehen!“ – welch eine Drohbotschaft.

Merken Sie, mit welchem Anspruch Jesus auftritt? Er kündigt Heil und Gericht an. Als Gottes Sohn hat er die Autorität dazu. Und er droht nicht um des Drohens willen. Er droht, damit die Menschen umkehren, sich ihm zuwenden und Gottes Heil erkennen.

Die Kehrseite der guten Nachricht

In Fußballstadien kann man sie manchmal entdecken, die Plakate, auf denen nichts anderes steht als „3:16“. Diese Zahlenkombination bezieht sich auf den Klassiker und Konzentrationspunkt des Evangeliums von Jesus Christus. Er steht in Johannes 3,16: „Denn so hat Gott die Welt geliebt, dass er seinen eingeborenen (einzig geborenen) Sohn gab, damit jeder, der an ihn glaubt, nicht verloren geht, sondern ewiges Leben hat.“ Jesus spricht diesen Satz zu Nikodemus als ersten Hörer, aber durch die Formulierung „jeder“ und die Weitergabe im Neuen Testament erhält der Satz eine universale Bedeutung. Das Geschenk der Liebe Gottes ist der Sohn Gottes. Durch ihn gibt Gott das ewige Leben. Bedingung für die Wirksamkeit dieser Geschenke ist Glaube. Der Vers ist eindeutig eine gute Botschaft und tatsächlich die dichteste Form des Evangeliums. Unterstützt wird dieser Eindruck von dem folgenden Vers. „Denn Gott hat seinen Sohn nicht in die Welt gesandt, dass er die Welt richte, sondern dass die Welt durch ihn errettet werde" (Johannes 3,17). Kein Gericht, sondern Rettung – das ist der Kern der Botschaft in Jesus Christus.

Zugleich, und das wird im Jubel der Begeisterung oft unterschlagen, steckt dennoch die Ankündigung des Gerichts in diesen Versen. Sie besagen nämlich auch, dass jeder, der nicht glaubt, verloren geht und das ewige Leben nicht hat. Das ist zwar nicht die zentrale Aussage dieser Sätze, aber es ist mit eingeschlossen, wird vorausgesetzt. Welche Bedeutung hätte Rettung, wenn es keine Verlorenheit gäbe? Wieso sollte die Botschaft vom ewigen Leben eine gute Nachricht sein, wenn es nicht auch die andere Möglichkeit gäbe oder gegeben hätte?

Wenn man dieses dritte Kapitel des Johannesevangeliums zu Ende liest, stößt man schließlich auf Vers 36. In ihm werden interessanterweise die beiden Möglichkeiten noch einmal auf den Punkt gebracht: „Wer an den Sohn glaubt, hat ewiges Leben; wer aber dem Sohn nicht gehorcht, wird das Leben nicht sehen, sondern der Zorn Gottes bleibt auf ihm." Der Zorn Gottes bleibt auf ihm!

Es geht in diesen Versen nicht darum, den Zuhörern unnötig Angst zu machen, durch Drohszenarien jede Lebensfreude zu nehmen oder das ganze Dasein unter einen dunklen Schatten zu stellen. Es geht darum, dass Menschen befreit und froh werden. Aber um dieses Ziel zu erreichen, muss eben darüber gesprochen werden, was nicht gut läuft, was droht, dass das Gericht kommen wird. Viele haben so weit nicht gelesen. Andere behaupten gerne, das sei eine später eingefügte Interpretation, die gar nicht ursprünglich sei. Und im nächsten Schritt wird dann festgestellt, dass diese Aussage zu vernachlässigen sei, weil sie ja nicht original von Jesus komme. Das sind aber billige Tricks mit dem Ziel, die Botschaft zu erhalten, die man gerne hätte.

Als Johannes der Täufer den Messias Jesus ankündigte, tat er das mit größter Ehrerbietung. Der sonderliche Wüstenprophet wollte die Volksmassen, die von ihm ganz begeistert waren, nicht an sich binden. Er sagte im Hinblick auf Jesus: „Ich zwar taufe euch mit Wasser; es kommt aber ein Stärkerer als ich, und ich bin nicht würdig, ihm den Riemen seiner Sandalen zu lösen; er wird euch mit Heiligem Geist und Feuer taufen" (Lukas 3,16 – übrigens auch eine „3,16"-Stelle!). Das ist Frohbotschaft. Jesus tauft mit Geist und Feuer. Er ist stärker als Johannes und eine unvergleichlich höhere Autorität. Wir können uns auf ihn freuen. Dann folgt aber sogleich der nächste Satz: „Seine Worfschaufel ist in seiner Hand, und er wird seine Tenne durch und durch reinigen und den Weizen in seine Scheune sammeln; die Spreu aber wird er verbrennen mit unauslöschlichem Feuer" (Lukas 3,17).

Der starke, mit Geist und Feuer taufende Messias, der Heilsbringer Christus, der das Leben der Menschen durch die Taufe verändert, der wird die Spreu vom Weizen trennen. Er wird unterscheiden, trennen, und auch umgekehrt werden sich an ihm die Geister scheiden. Die Spreu wird mit unauslöschlichem Feuer brennen. Das klingt nach Drohung.

Dass im Alten Testament viele Gerichtsankündigungen zu finden sind, ist für viele Menschen keine Überraschung. Dass aber auch im Neuen Testament davon die Rede ist, verwundert manche. Ja, Jesus selbst hat Gericht angekündigt. Viele wollen das nicht wahrhaben.

Interessant zu lesen ist das 24. Kapitel der Apostelgeschichte. Der Statthalter Felix will sich mit seiner Frau Drusilla anhören, was Paulus, sein Gefangener, zu sagen hat. Paulus erklärt ihm das ganze Evangelium, davon ist auszugehen. Dann kommt Vers 25: „Als er (Paulus) aber über Gerechtigkeit und Enthaltsamkeit und das kommende Gericht redete, wurde Felix mit Furcht erfüllt und antwortete: Für jetzt geh hin!" (Apostelgeschichte 24,25). Es ist zu allen Zeiten dasselbe: Kommt die Drohbotschaft, winken die Leute ab und entfernen sich, wenn sie können.

Und nun?

Es gibt zwei extreme und unangebrachte Möglichkeiten, mit diesen Gerichtsworten umzugehen. Die erste malt die Hölle bunter aus, als es die Bibel selbst tut, und hat fast sadistische Freude daran, die Qualen der Hölle möglichst bedrohlich zu beschreiben. Man könnte positiv unterstellen, dass Vertreter dieser Richtung andere Menschen möglichst effektiv warnen wollen. Je drastischer die Drohung, desto größer die Wahrscheinlichkeit, dass die Zuhörer darauf reagieren – so wohl die Denkweise. Diese Methode erinnert mich an die warnenden Botschaften und immer extremer werdenden Bilder von Krankheiten auf Zigarettenpackungen. Auf diese Weise soll einem die Lust am Rauchen vergehen. Außerdem wird die Hölle manchmal aus einer arroganten Haltung heraus dargestellt. Man selbst ist stolz, dem Gericht entkommen zu sein, was der Zuhörer ja noch nicht geschafft hat. Die Geschichte hat gezeigt, dass solche Drohbotschaften ein Manipulationsinstrument in der Hand der Mächtigen sein können. Die Logik lautet: Wir machen dir Angst und dann folgst du unserem Heilsangebot.

Die Bilder der Hölle haben sich nicht zuletzt durch ein bestimmtes Werk aus dem 14. Jahrhundert tief in die „Volksseele" eingebrannt. In seiner *Göttlichen Komödie* beschrieb Dante Details der Hölle, die weit über die biblischen Schilderungen hinausgehen. Diese Aussagen sind dann von vielen Künstlern gemalt worden. Die Bilder wurden schon bald für die Wahrheit gehalten. Was von mittelalterlichen Malern entwickelt wurde, findet noch heute Eingang in unsere Medien, meist durch Horrorfilme. Glaubt man den Berichten, so gab es Phasen in der Verkündigung der Kirchen, in denen vor allem Gericht gepredigt wurde, so als ob das der zentrale Inhalt des Christentums sei. Kein Wunder, dass Menschen irgendwann gesagt haben, dass sie sich diesem Diktat und dieser Angstmache nicht länger aussetzen wollen.

Die zweite Reaktion ist ein Pendelschlag in die entgegengesetzte Richtung. Sie ist gerade in unserer Zeit immer weiter auf dem Vormarsch. Es wird versucht, die bedrohliche Seite der biblischen Botschaft einzuebnen, abzuschwächen, wegzuerklären, zu eliminieren, zu leugnen, zu ignorieren. Hoch angesehene Theologen tun das genauso wie Menschen, die dem Christentum skeptisch gegenüberstehen. Das ist so, als würden Leute behaupteten, Rauchen sei gar nicht ungesund. Eigentlich wollen sie nur nicht, dass es „böse Bilder" auf den Zigarettenschachteln gibt.

Es geht ein Aufschrei durch Deutschland, wenn davon die Rede ist, dass Gott Gericht halten wird. Damit darf man den meisten nicht kommen. Schon die Erwähnung wird als Angstmache bezeichnet. Da muss noch gar nicht ausgeschmückt werden, was genau passiert. Und wenn es keinen Aufschrei gibt, dann kommt zumindest der Fundamentalismusvorwurf. Mit solch althergebrachten Thesen will kein gebildeter Deutscher behelligt werden. Schnell wird dabei vergessen, dass das bekannteste, von den meisten Kirchen akzeptierte Glaubensbekenntnis beinhaltet, dass Jesus wiederkommen wird, um die Lebenden und die Toten zu richten. Aber wer glaubt das eigentlich?

Ein Phänomen unserer Zeit

Die Märchen der Gebrüder Grimm sind hart und teilweise grausam. Ich kannte Frau Holle immer als die Märchengestalt, die die Kissen ausschüttelt, wenn es auf Erden schneit. Eigentlich geht es aber um zwei Schwestern, die eine faul und dreist, die andere arbeitsam und nett. Am Ende ist die faule und fiese Schwester durch eine Bestrafung pechschwarz und damit unansehnlich. Das Schlimme ist, dass sie für ihr gesamtes Leben damit gestraft wird. Der letzte Satz meiner Ausgabe der Grimm'schen Märchen lautete auf jeden Fall: „Das Pech aber blieb fest an ihr hängen und wollte, solange sie lebte, nicht abgehen."

Neulich sah ich eine Verfilmung des Märchens. Sie war nicht schlecht gemacht. Aber eins war hochinteressant und verrät etwas über unsere Kultur. In der Filmversion wurde der faulen, fiesen Schwester von Frau Holle gesagt, dass es immer möglich sei, neu anzufangen. An diesen Satz erinnerte sie sich, als sie pechschwarz ihr übles Dasein fristete. Ihr Neuanfang sah so aus, dass sie anfing, freundlich mit anderen umzugehen und zu arbeiten. Innerhalb kurzer Zeit war sie von ihrem „Fluch“ befreit und wurde wieder weiß. Das Märchen hatte ein Happy End.

Ich gebe zu, dass ich eine gewisse Sympathie für diese Veränderung des Originals habe. Denn ich bin überzeugt, dass Menschen immer die Gelegenheit zu einem Neuanfang haben. Außerdem bekommt das Märchen dadurch einen hoffnungsvollen Charakter. Das ist okay.

Aber gleichzeitig entsteht in mir der Verdacht, dass diese Veränderung symptomatisch für unsere Zeit ist. Wir wollen und können es nicht aushalten, dass es im Leben eine negative Entwicklung gibt, die nicht mehr rückgängig zu machen ist. Wir wollen davon nichts hören. Diese „Negativbotschaft“ verbitten wir uns. Wir wollen eine „Positivbotschaft“!

So auch in Bezug auf Gott, Gericht, Verdammnis und ewige Verlorenheit des Menschen. Solche Botschaften verbitten wir uns. Das passt nicht zu unserer guten Laune, die wir uns nicht verderben lassen wollen. Gott hat unserem Weltbild gefälligst zu folgen.

Ganz in diesem Sinne steht eine andere Entwicklung, die nur wenigen auffällt. Die „Adventszeit“ ist für die meisten Deutschen eine „Vorweihnachtszeit“, ist „Weihnachten light“. Die Geburt Jesu wird an Weihnachten gefeiert, das ist gesetzt. In der Adventszeit bereiten wir uns auf diese Geburtstagsfeier vor. Und der Weihnachtsmann kommt schon mal als Vorbote am 6. Dezember vorbei und nennt sich dann verwirrenderweise Nikolaus.

Von mir aus kann man das so machen. Es sind ja letztlich alles Gepflogenheiten, die von Menschen gesetzt wurden. Deswegen kann man sie auch ändern. Und wer will, kann die Sache ganz ausfallen lassen. Ich will nicht für die eine oder andere Tradition kämpfen. Darum geht es mir hier nicht. Weswegen ich dies hier erwähne, ist, dass ich die Entwicklung für bezeichnend halte. Denn die Adventszeit ist klassischerweise eigentlich dazu bestimmt, die Wiederkunft von Jesus Christus zu bedenken. Sie war früher als Fastenzeit angesetzt, um sich auf das Kommen Jesu vorzubereiten. Er wird kommen zu Gericht und Welterlösung. Es wird ein Ereignis von kosmischer Dimension sein. In der Zeit vor Weihnachten dachte man darüber nach und prüfte sich.

Ich bin davon überzeugt, dass sich aufgrund der scheinbaren Unattraktivität dieser Botschaft die Bedeutung der Adventszeit langsam aber sicher verändert hat. Wir fasten nicht, wir essen schon mal unsere Weihnachtsplätzchen, auf die wir zu Weihnachten selbst dann keinen Appetit mehr haben. Das Kommen Jesu zu bedenken ist für uns heute so gut wie unmöglich geworden, weil es zu viel Negatives impliziert.

Botschaften von der „Wiederkunft Christi", dem „Gericht Gottes" oder sogar der „Hölle" haben ausgedient. Die Hölle wird ausschließlich als Ort hier auf der Erde angesehen – Schlachtfelder, Kriegsschauplätze, Gebiete von Naturkatastrophen. Der amerikanische Autor Rob Bell[20] weist mit Recht darauf hin, dass das griechische Wort *geenna,* das mit „Hölle" übersetzt wird, auch der Name des Ortes war, an dem Jerusalem seinen Müll ablud. Es stank, es brannte, streunende Hunde hielten sich dort auf, die Ärmsten der Armen, es war ein Ort des Todes. Grässlich.

Ja, die Hölle ist hier auf der Erde. Hundertfach, tausendfach. Seine Beobachtung ist richtig und zeigt, dass evangelikale Christen zu Recht auf die Diesseitigkeit des Glaubens hinweisen und nicht nur das Jenseits im Blick haben dürfen. Das heißt jedoch nicht, dass die Hölle *ausschließlich* auf der Erde, nicht aber in der jenseitigen Welt zu finden ist. Genau diese Schlussfolgerung wird aber von vielen gezogen.

Die Hölle ist ein Ort, an dem es nicht gut ist zu sein, wie Jesus sagt: „Es ist besser für dich, lahm in das Leben hineinzugehen, als mit zwei Füßen in die Hölle geworfen zu werden" (Markus 9,45). An anderer Stelle beschreibt Jesus den „zukünftigen Zorn Gottes", der dahin führen wird, dass einige in einen „Feuerofen" geworfen werden und dass dort Heulen und Zähneklappern sein wird (Matthäus 3,7-12; 13,42). Das Feuer wird „nicht verlöschen und der Wurm nicht sterben" (Markus 9,48).

Das sind schwierige Beschreibungen und man fragt sich, was daran Bildsprache ist und wie es wirklich sein wird. Ich hasse Spekulationen und bin skeptisch gegenüber farbenfrohen Beschreibungen der Hölle. Ich weiß aber und das reicht mir: Ich will da nicht hin und Sie wollen da auch nicht hin. Die Witze, die das bagatellisieren, sind vielleicht ganz lustig, aber immunisieren am Ende gegen die tatsächliche Bedrohung dessen, was kommt.

Man wünscht sich, dass am Ende alles gut wird. Man wünscht sich natürlich auch, dass man gesund bleibt, dass man auf der Erde nicht „die Hölle" durchmacht. Aber es ist anders. Die Realität des Lebens und die Realität der Zukunft sind anders. Ob wir das hören wollen oder nicht, spielt dabei überhaupt keine Rolle.

Dass irgendwelche Leute diese bedrohlichen Aussagen der Bibel ablehnen, ist noch leicht hinnehmbar und verständlich, auch wenn es falsch ist. Aber dass auch viele Menschen, die sich als Christen bezeichnen, die sogar mit dem Anspruch auftreten, Gottes Wort zu verkündigen, die Hölle und das Gericht aus dem Wortschatz streichen – das ist der eigentliche Skandal.

Das ganze Wort Gottes gilt

Die Autorin Esther Maria Magnis, die den Tod ihres Vaters und Bruders beschreibt und dabei ihren Glauben an Gott verarbeitet, widmet der Beobachtung, dass die Botschaft der Bibel durchaus auch bedrohlich ist, einen Abschnitt. Ich zitiere hier sehr ausführlich, weil sie es als eine der wenigen zeitgenössischen Schreiberinnen wagt, die Sache so unverblümt und ungeschützt zur Sprache zu bringen. Sie schreibt:

> *Gott ist schrecklich. So schön er auch ist – so unendlich tief seine Liebe und Zuneigung zu den Menschen sein mag. Ich erschrecke vor Gott. Und die Schrecken aus der Zeit damals lassen mich in meinen Gebeten immer noch humpeln. Und es ist eine Lüge, die in manchen Kirchengemeinden verbreitet wird, wenn sie sagen: Wir haben keine Drohbotschaft, wir haben eine Frohbotschaft. Es ist nicht wahr. Es ist einfach nicht wahr.*
> *Gott hat sich in dieser Welt am Kreuz hinrichten lassen. Das gehört zu den dreckigsten Todesarten, die es gibt.*

Und Gott hat zugelassen, dass mein Bruder sich zu Tode erschrak. Und Gott hat gesagt, dass jeder sein Kreuz in dieser Welt auf sich nehmen und ihm nachfolgen soll. Es war nie die Rede davon, dass es hier witzig wird. Es war nie die Rede davon, dass uns allen die Sonne aus dem Arsch scheint. Unser Glaube, der Glaube der Christen, hat einen Schrecken. Unser Glaube macht „BUH!". Unser Glaube hat in sich das Wissen um den ganzen Dreck der Welt. Er hat einen Schrecken. So wie diese Welt. Und erst dann kommt die Frohe Botschaft. Vorher gibt es keinen Grund, dumm grinsend auf der Kanzel zu stehen und die Menschen, die echte Not haben, deren Ehen gerade kaputtgehen, deren Kinder krank werden, deren Geschwister sterben und Eltern dement werden, deren Herzen gebrochen werden, deren Stolz verletzt wird, mit einem weichen gemütlichen Gesäusel und Sozialkitsch einzulullen.
Gott ist schrecklich. Gott brüllt. Gott schweigt. Gott scheint abwesend. Und Gott liebt in einer Radikalität, vor der man sich fürchten kann.
Alle seine Jünger, bis auf einen, alle, die ihn geliebt haben, sind auf brutale Weise umgebracht worden.
Und in dem Moment, als Gott Mensch wurde, als er dieser Welt in Fleisch nahekam, da brachte er mit sich das große Kindermorden. So kam Gott in die Welt. Seine Berührung mit unserer Geschichte hat nicht nur Maria zum Lächeln gebracht. Sein Eintritt hat ein Drama hervorgerufen. Das muss er gewusst haben. Unsere Erlösung, die Verstrickungen zwischen Mensch und Gott, unsere Schuldgeschichte, die Entfernung zu ihm, all das ist wahrscheinlich schlimmer, komplizierter und ernster, als wir wirklich glauben.
Ich verstehe Gott nicht. Das sage ich ihm auch. Und ich sage ihm, dass sein Anspruch an uns zu hoch ist. Dass wir zu klein für ihn sind. Dass er uns nicht so überfordern kann. Und wäre sein Wille nicht der Grund unserer Exis-

tenz, dann würde ich ihn hinterfragen, jeden Tag. Aber was wissen wir schon. Wer von uns hat sich selbst geschaffen. Vielleicht sind wir höher, stärker und größer, als wir tun. Als wir wollen. [21]

Wer kann den Gedanken an Gottes Gericht mögen? Aber liegt darin nicht auch etwas Tröstliches? Es gibt doch überall Unrecht, Ausbeutung, Mord und Totschlag – Verbrechen, die niemals von jemandem gesehen und vergolten wurden. Wie viel sexueller Missbrauch, Gewalt an Kindern oder Mobbing ist niemals vor einem Gericht zur Sprache gekommen? Sünde zerstört uns Menschen. Ist es nicht gut zu wissen, dass der gerechte Gott, und nicht nur Menschen, die nur Bruchstücke erkennen können, unser Richter ist?

Es ist nicht möglich, die Zusagen Gottes zu nehmen und daraus echte Kraft zu schöpfen und gleichzeitig die Drohungen zu eliminieren. Wer auf Dauer auf die Zusagen als Grundlage seines Lebens bauen will, wird nicht darum herumkommen, die Gerichtsworte ebenso anzuerkennen. Es wäre Selbstbetrug, nur die eine Seite zu hören. Mit welchem Recht könnte man nur die guten Worte als Gottes Worte annehmen?

Und wem die Formulierung „Drohbotschaft" zu krass ist, der kann auch von „Warnung" sprechen, das ist neutraler. Da wird vor einem Unheil oder einer Gefährdung gewarnt, von wem auch immer sie ausgeht. „Ihr werdet aber sogar von Eltern und Brüdern und Verwandten und Freunden überliefert werden, und sie werden einige von euch töten; und ihr werdet von allen gehasst werden um meines Namens willen. Und nicht ein Haar von eurem Haupt wird verloren gehen. Gewinnt eure Seelen durch euer Ausharren" (Lukas 21,16-19). Das ist Ankündigung bedrohlicher Situationen und gleichzeitig Zusage der großartigen Hilfe Gottes in komprimierter Form. Gott sei Dank erleben wir im Moment in Deutschland nicht, was hier angekündigt wird, aber in vielen Ländern ist es noch heute so und zu vielen Zeiten so gewesen.

Noch einmal will ich es unterstreichen: Das Thema dieses Buches ist eine gute Botschaft. Ich will, dass Menschen einen festen Grund für ihr Leben in den Zusagen Gottes finden. Aber das geht nur, wenn sie Gottes Wort als insgesamt zuverlässig ansehen. Es wird sich immer negativ auswirken, wenn jemand eine Auswahl vornimmt und selbstherrlich entscheidet, was ihm gefällt und was nicht. Als autosuggestive Kraft wird es vielleicht kurzfristig funktionieren, um die Stimmung zu heben. Aber als Kraft Gottes wirkt das Wort Gottes langfristig nur als Ganzes.

Sehen wir uns noch einmal die Verse aus dem Johannesevangelium an: Jesus sagte: „Wer an den Sohn glaubt, hat ewiges Leben." Die Bedingung ist Glaube an den Sohn Gottes, Vertrauen in ihn. Die Zusage ist ewiges Leben. So weit, so gut. Dann geht der Satz jedoch weiter: „... wer aber dem Sohn nicht gehorcht, wird das Leben nicht sehen, sondern der Zorn Gottes bleibt auf ihm" (Johannes 3,36).

Der Glaube, wie die Bibel ihn beschreibt, ist nicht nur ein Glaube an einzelne Worte Jesu. Er beinhaltet, Jesus ganz zu vertrauen, und damit auch seinem Wort. Es ist unmöglich, einer Person zu vertrauen, nicht aber ihren Worten. Wer sich nur die erste Hälfte des Satzes herausnimmt, glaubt nur an eine Formel. Wer aber Jesus vertrauen will, ihm anhängt, der nimmt nicht nur eine Satzhälfte, sondern vertraut seinen Worten als Ganzes. Und daraus ergibt sich, dass der Zorn Gottes auf denen bleibt, die ihm nicht vertrauen, die ihm nicht gehorchen.

Fazit: Dieses heikle Kapitel entpuppt sich als ein entscheidendes Kapitel. Wer die Drohbotschaft eliminiert, wird die Frohbotschaft von Gott nicht empfangen können. Derjenige muss sich selbst gute Nachricht sagen und damit versuchen, sich ruhig zu stellen. Das aber hilft nicht, trägt nicht und bleibt kraftlos. Helfen kann allein Gott und sein heiliges Wort. Tragen wird allein Christus und sein Heil. Kraft gibt allein der Heilige Geist und sein Wirken.

Kapitel 8

Simpel

Kindlich glauben

Horst hat mich in meinem Glauben stark geprägt. Er ist der Vater eines guten Freundes, den ich mit 14 Jahren kennengelernt habe. Dieser Freund spielte wie ich Gitarre und wir waren zusammen in einer Schulband. Bald schon fing ich an, seine Gemeinde zu besuchen, in der ich entscheidende Impulse für meinen Glauben erhielt. Und über ihn bekam ich auch Kontakt zu seinem Vater. Er war seit Jahrzehnten in Leitungskreisen dieser Gemeinde verantwortlich und hatte sie durch manche Schwierigkeiten geführt. Auch später, ohne Leitungsamt, ist er eine prägende Persönlichkeit geblieben. Im Haus seiner Familie ging ich als Jugendlicher ein und aus.

Als ich zum Glauben kam, wurde Horst ein väterlicher Seelsorger. Wir trafen uns nicht sehr häufig zu einem persönlichen Gespräch. Das Wort „Mentor“ gab es in meinem – und ich vermute, auch in seinem – Wortschatz noch nicht. Wir gingen auch nicht nach einem bestimmten Plan vor. Letztlich war er aber mein Mentor. Er war Beichtvater, Ratgeber und Motivator in einem. Er war eine Führungspersönlichkeit par excellence. Es war bald zu spüren, dass die Leute in der Gemeinde großes Vertrauen zu ihm hatten, obwohl er auch sehr kantig sein konnte. Er machte Krankenbesuche, hatte aber ebenfalls einen Überblick über die Finanzen der Gemeinde. Er war sicherlich manchmal sehr dominant, obwohl ich das damals nicht so empfunden habe. Zugleich hatte er, mit seiner Frau zusammen, ein wirklich missionarisches Herz. Dass Menschen Jesus kennenlernen, war ihm wichtig. Er war beruflich selbstständig und konnte bei gutem Einkommen seine Zeit recht frei gestalten.

All das war für mich jedoch noch nicht vorbildlich. Es mag zwar sein, dass mich seine Führungsstärke beeindruckte. Aber es gab auch andere starke Persönlichkeiten in meinem Leben, die mich nicht so geprägt und beeindruckt haben. Am meisten stach für mich heraus, dass all diese Eigenschaften mit einem kindlichen Glauben gepaart waren. Dieser groß gewachsene Mann glaubte wie ein Kind: schlicht, direkt, fröhlich, unkompliziert. Ganz besonders fiel mir das auf, wenn ich zum Frühstück zu Gast war. Dann las er die Losung des Tages, also einen Bibeltext aus dem Alten und einen aus dem Neuen Testament. Er kommentierte nichts. Jedes Mal fiel mir dabei etwas Besonderes auf: Er war in der Lage, diese Bibelworte sofort in ein Gebet umzuwandeln. Er sprach zu Gott so, als hätte dieser soeben ganz persönlich zu ihm gesprochen. Und er nahm diese Verse als eine Botschaft von Gott an ihn, für diesen Tag. Manchmal dankte er, manchmal bat er um Vergebung, manchmal betete er für andere. Aber immer mit einer Gewissheit und Selbstverständlichkeit, die mich beeindruckten. Danach ging es ans Frühstücken und anschließend in die Aufgaben des Tages, fest gegründet auf einem Glaubensfundament, das ihm die Kraft für alle Herausforderungen gab. Ich wusste: So willst du auch glauben. Diese Kombination aus natürlicher Führungsstärke und kindlichem Vertrauen fand ich vorbildlich. Das geht mir bis heute so.

Glaubensvorbilder

Wenn ich überlege, welche Menschen mich in meinem Glauben besonders geprägt haben, welche Menschen Vorbilder sind oder waren, dann fallen mir ausschließlich Männer ein. Ich vermute, dass es so ist, weil ich mich mit ihnen besser identifizieren kann. Es gibt Frauen, die ich bewundere. Aber ich identifiziere mich nicht so stark mit ihnen. Die Männer, die mir einfallen, habe ich größtenteils persönlich kennengelernt. Andere kenne ich nur aus der Literatur. Sie alle haben mich an einem Punkt meines Lebensweges geprägt und ich habe mich an ihnen orientiert.

Da ist zum Beispiel Kurt Seidel, ein Dozent am Theologischen Seminar, an dem ich studiert habe. Er war – und ist – ein absoluter Crack in seinem Fach. Ein Theologe, der nicht nur uns Studenten faszinierte, sondern über unsere kleinen Grenzen hinaus Anerkennung genoss. Er hatte in unserer studentischen Wahrnehmung alle Fragen des Glaubens bedacht, konnte das Alte Testament auf Hebräisch und das Neue auf Griechisch lesen, war Dogmatiker mit einer umfassenden Kenntnis. Er antwortete bedacht, aber wenn es darauf ankam, auch mit Eifer. Seine theologische Kompetenz verband er mit großer Leidenschaft. Wenn er sich dem Seminarraum näherte, hieß es unter uns Studenten scherzhaft und respektvoll zugleich: „Achtung, der *nous* kommt!" (*Nous* ist griechisch und bedeutet „Verstand".) Legendär war seine Aktentasche, die er so mit Büchern vollgestopft hatte, dass sie eher einem Medizinball glich. Daraus zückte er während der Vorlesung die zu zitierenden Bücher, gerne mit dem Finger schon zwischen den Blättern (und er hatte durchaus keine schlanken Fingerchen), aus denen er nun vorzulesen gedachte.

Das allein war zwar beeindruckend, machte ihn für mich aber noch nicht zum Vorbild. Zu einem Vorbild wurde er für mich, weil er, dieser „fleischgewordene Verstand", dieser Denker, zugleich wie ein kleiner fünfjähriger Junge glauben konnte. Nicht, dass er das vor sich hergetragen und hinausposaunt hätte. Das wäre ihm völlig fremd gewesen. Aber ich konnte es hören und spüren. Seine Gebete waren innig, sein Glaube direkt. Nach manchen einstündigen Vorträgen, in denen er uns auf dogmatische und philosophische Höhenflüge mitgenommen hatte, schnappten wir noch benommen nach Luft, während er nicht selten bei ganz einfachen, entwaffnenden, auf der Bibel beruhenden Aussagen landete. Er konnte dann die ganze riesige Gedankenwelt auf einen kleinen Punkt bringen.

Manchmal habe ich mich gefragt: „Ja, wenn es so einfach ist, warum dann die ganze Mühsal vorher? Warum so viel ‚Aber' und ‚Das muss man noch bedenken', und ‚Das hat dieser Theologe vor 300 und jener vor 150 Jahren dazu gesagt', wenn am Ende der fünfjährige Junge zu denselben Ergebnissen kommen kann, ohne das alles zu wissen?"

Die Antwort ist genauso wichtig wie einfach: weil wir denkende Wesen sind. Ich möchte nicht deswegen wie ein Kind glauben, weil ich noch nicht richtig nachgedacht habe, sondern erst, *nachdem* ich richtig nachgedacht habe. Das schöne und großartige Ergebnis ist dann, dass Professoren und einfache Leute, Kinder und Alte, Techniker und Künstler in dem einen Glauben an den einen Gott und der einen Offenbarung in Jesus Christus eins sein können. Sie trennt nichts, wenn sie sich selbst nicht zu wichtig nehmen.

Das eine meiner Vorbilder war also ein Macher und Leiter, das andere ein Denker und Theologe. Aber beide, exzellent auf ihre Weise, glaubten wie ein Kind. So empfand ich das. Und das beeindruckte mich.

Es gibt auch kindlichen Glauben, der mich nicht beeindruckt – und den ich hier auch nicht meine. Manche Leute vermitteln mir den Eindruck, sie wollen sich in eine heile Welt flüchten. Sie haben Angst vor dem Denken und glauben deswegen. Das ist billig. Das trägt nicht weit. Das zerschellt an den Realitäten des Lebens. Das nenne ich kindisch.

Beim Umgang mit Zusagen Gottes ist ein kindlicher Umgang unentbehrlich. Kind werden. Kind bleiben. Kindlich glauben, nicht kindisch. Kindlich die Zusagen Gottes annehmen, nachdem man über sie nachgedacht hat.

Ein großer Reichtum

„Durch dieselbe mächtige Kraft hat er uns seine kostbaren und größten Zusagen geschenkt" (2. Petrus 1,4). Petrus schreibt diesen Vers an eine Gemeinde, die in größten Schwierigkeiten steckt: bedroht, angefochten, weit entfernt davon, Einfluss beim Staat zu haben oder gesellschaftliche Anerkennung zu genießen. Im Gegenteil. Wer zu diesen Jesusleuten gehörte, der musste sich gefallen lassen, dass man ihn für seltsam, abgedreht, sektiererisch oder falsch gewickelt hielt. Das war auf Dauer schwer auszuhalten und ist es bis heute. Deswegen entsteht in solch einem Umfeld sofort das Gefühl einer inneren Bedrohung, die dazu führt, dass man den Glauben so aufmotzt, dass er für andere annehmbarer wird. Wenn man sich klein fühlt, passt man sich gern an.

Petrus zeigt der Gemeinde, dass das nicht der Weg sein kann. Und er zeigt, warum das auch gar nicht nötig ist. Er schreibt, dass Gottes Kraft im Leben dieser kleinen Gruppe wirkt. Und er malt ihnen den Reichtum, den sie haben, vor Augen, nämlich Gottes kostbare und größte Zusagen! Und das auch noch geschenkt.

Neulich besuchte ich eine Veranstaltung, in der ein Moderator unvermittelt zehn Euro in die Luft hielt. Er fragte ins Publikum, wer diese 10 Euro geschenkt haben wollte. Schweigen. Wir waren verdutzt, ich auch. 10 Euro, die konnte man immer gebrauchen. Aber geschenkt? Da musste doch ein Haken dran sein. Vielleicht musste man auf der Bühne irgendetwas Komisches machen oder man blamierte sich anderweitig. Blitzschnell schossen mir die verschiedenen möglichen Szenarien durch den Kopf und blockierten mich. Nach einer erstaunlich langen Zeit und weiteren Aufforderungen des Moderators meldete sich schließlich zaghaft eine junge Frau. Sie sollte nach vorne kommen. Das tat sie, holte sich die 10 Euro ab und durfte sich, reicher als zuvor, wieder setzen.

Kein Haken weit und breit. Der Moderator wollte genau das deutlich machen: dass es uns schwerfällt, uns beschenken zu lassen. Ich ärgerte mich über meine Zweifel und die junge Frau schaute recht zufrieden in die Runde.

Fragen Sie einmal Kinder, ob Sie ihnen etwas schenken dürfen. In der Regel werden sie ganz schnell die Finger in die Luft recken und rufen: „Ich, ich." Uns Erwachsenen scheint diese Reaktion abhandengekommen zu sein.

In der Adventszeit besuchte ich einen Gottesdienst. Ich saß bereits vor Beginn eine Zeit lang in der ersten Reihe. Dabei fiel mir ein ungefähr vierjähriges Mädchen auf. Es lief ständig von hier nach dort, vor mir her, und strahlte über das ganze Gesicht, die Augen glänzten. In den Händen trug es einen kleinen, durchsichtigen Plastikstern, in dem Süßigkeiten lagen, wahrscheinlich Schokolade, in goldenem Alupapier eingewickelt. Jedem, buchstäblich jedem, der in ihre Nähe kam, zeigte sie strahlend ihr Geschenk, die kleinen Hände in die Höhe gereckt. Sie hatte noch gar nichts von der Schokolade gegessen, aber sie wusste, dass sie gut schmecken würde. Sie freute sich so sehr, dass sie es jedem mitteilen musste. Ihre Freude war fast grenzenlos. Und so hüpfte sie mit ebenso grenzenloser Energie vor mir her.

Wer die verändernde Kraft der Zusagen Gottes erfahren will, muss sie wie ein Kind empfangen, sich von Gott selbst beschenken lassen. Manch einem erscheint das zu simpel. Aber: Simpel ist gut. Darin liegt geradezu eine Frechheit des Glaubens. Er ist nicht dazu gegeben, unsere intellektuellen Bedürfnisse zu befriedigen, sondern unser Leben zu verändern und den Reichtum Gottes über uns auszuschütten. Diesen Reichtum werden nur die empfangen, die wissen, dass sie selbst arm sind, und sich deswegen wie Kinder nach Gottes Reichtum ausstrecken.

Ganz klar, dass diese Kindlichkeit – man kann es nicht oft genug betonen – nicht ohne die anderen Kapitel dieses Buches zu verstehen und auf Dauer praktikabel ist. Ganz klar, dass eine Spannung zwischen Kindlichkeit und reflektierendem Glauben besteht. Ich werde nicht um die Bedingungen herumkommen, um die Frage, wann welche Verheißung gilt und wie eine Verheißung zu verstehen ist. Es werden auch noch andere herausfordernde Aspekte in diesem Buch genannt, wie zum Beispiel Leid, das ich niemals verstehen werde; unbeantwortete Gebete; Zusagen, die nicht glatt aufgehen.

Dennoch werde ich die Kraft der Zusagen Gottes nur erfahren, wenn ich immer wieder zu einem kindlichen Glauben zurückkehre und mich von Gott beschenken lasse! Trotz offener Fragen.

Das Reich Gottes gehört den Kindern. Nicht weil sie ohne Sünde sind, sondern weil sie besser als Erwachsene in der Lage sind, sich von Gottes Liebe beschenken zu lassen. „Wenn ihr nicht werdet wie die Kinder“, sagte Jesus (Matthäus 18,3). Damit meinte er nicht etwa, dass wir kindisch werden sollen. Wir sollen vielmehr wie Kinder erkennen, wie bedürftig wir sind, sodass wir getrost das ergreifen, was Gott uns schenkt, und ihm voll vertrauen.

Charles Haddon Spurgeon war ein Mann, der so kindlich glaubte. Er füllte in England ganze Säle mit Menschen. Er war wortgewaltig, ein scharfer Denker und streitbarer Prediger. Knallhart konnte er den Menschen sagen, was er dachte. Er legte sich mit dem baptistischen Gemeindebund an, zu dem seine Gemeinde gehörte. Und zugleich war er wie ein Kind. Er wusste, wie abhängig er von Gott war. Deswegen schärfte er seinen Gemeindeleuten ein, für ihn zu beten. Ich habe ihn weiter oben schon zitiert mit den Worten: „Ich bin eine Masse von Torheit." So spricht einer, der sich den kindlichen Glauben bewahrt hat.

Ich bin überzeugt, dass das auch der Grund ist, weswegen er es geschafft hat, die Kraft der Verheißungen Gottes so sehr in den Mittelpunkt seiner Verkündigung zu stellen. In seinem Buch *Kleinode göttlicher Verheißungen* hat er 365 Mal auf kürzestem Raum die Verheißungen Gottes zur Sprache gebracht. Man kann so etwas nicht schreiben, wenn Wissen nur theoretisch erworben ist. Spurgeon hat mit den Verheißungen gelebt! Deswegen konnte er davon auf kraftvolle Weise weitergeben.

Morgenstimmung

Kindlich glauben fängt bei mir schon am frühen Morgen an. Leute, die mich kennen, glauben es mir nicht, aber es gibt Tage, da wache ich auf und denke, es ist alles vergeblich, traurig, sinnlos. Früher gab es solche Tage fast ausschließlich, heute kommen sie nur noch hin und wieder vor.

Insgesamt komme ich mittlerweile gut aus dem Bett, manchmal habe ich sofort beste Laune und freue mich auf alles, was kommt. Aber ich kenne auch heute noch die andere Seite. Den Blues am Morgen, die depressive Grundstimmung beim Aufwachen. Dann will ich gar nicht aus dem Bett. Und wenn ich dann aufstehe, quäle ich mich pflichtbewusst und wie fremdgesteuert hinaus in den Tag.

Muss man es eigentlich einfach hinnehmen, wie man aufwacht? Ist man Opfer seiner Stimmungen und kann nichts daran verändern? Sicher, manchmal liegt es vielleicht daran, dass ich einen falschen Lebensstil pflege und zu spät ins Bett gehe. Aber meistens gibt es keinen besonderen Grund. Ich lebe in meiner inneren Haltung einfach nur auf dem falschen Grund.

Deshalb habe ich es mir zur Angewohnheit gemacht, immer schneller und immer selbstverständlicher das Fundament der guten und kostbaren und überreichen Zusagen Gottes zu betreten. Ich sage mir – vielleicht zunächst missgelaunt –, wer Gott für mich ist. Ich mache mir klar: In Jesus bin ich gesegnet mit jedem Segen von Gott (Epheser 1,3). In Jesus schenkt mir Gott alles (!), was ich zum Leben und zum Sterben brauche (Römer 8,32, schön ausgelegt im Heidelberger Katechismus). Er ist mit mir. Er gießt seinen Geist über mich aus. Nichts kann mir schaden. Das ist das Powerpack, das in der Lage ist, in Sekunden meinen Morgen zu verändern.

Ich habe erlebt, dass ich mich bewusst auf diese Zusagen stellen muss. Sie sollen meine Wirklichkeit bestimmen. Dann danke ich Gott für das, was er mir gibt – und los geht es in den Tag.

Kindlich glauben macht gewiss

Hannelore und Gottfried Borchert haben in Tansania eine Bibelschule mit aufgebaut. Reiste man mit ihnen durch das Land, besonders in der Region des Viktoriasees, wurde Gottfried immer wieder von Pastoren erkannt, die ihn als Lehrer verehrten. Die beiden waren 1957 nach Tansania ausgereist. Später, als ich selbst im Missionsdienst war, wohnten wir nicht weit voneinander entfernt. 2012, im 56. Jahr ihrer Ehe, starb Hannelore. Gottfried berichtet von diesen Momenten in einem Brief an die Freunde. Er hat mir erlaubt, daraus zu zitieren:

> *Während der Zeit an ihrem Bett, als ich ihre Hand streichelte, fiel mir mehrmals ein Wort aus 1. Mose 24 ein; da sagt der alte Elieser: „Halte mich nicht auf, denn der Herr hat Gnade zu meiner Reise gegeben; lasst mich, dass*

ich zu meinem Herrn ziehe." In dem Kapitel geht es um Brautschau, hier um den Abschied von meiner Hannelore. Eliesers Wort wurde mir zur Hilfe, Hanne ganz bewusst loszulassen, nicht festhalten zu wollen, sie dem Herrn anzuvertrauen.

Als sie dann schließlich gestorben war, schreibt Gottfried weiter:

Als Daniel (Anmerkung: ein Sohn) und ich so neben ihrem Bett standen und uns umarmten, sagte ich zu ihm: „Die Mama ist jetzt in der Hand Gottes." Darauf er: „Ja, wir aber auch."

Als ich diese Zeilen geschickt bekam, war ich tief bewegt. Vor allem deswegen, weil ich in diesen Sätzen eine erstaunliche und tröstende Gewissheit spürte. Gewissheit durch einen kindlichen Glauben.

Ein Mensch kann sich über etwas gewiss sein: Er kann gewiss in seinem Glauben sein, er kann sich Gottes gewiss sein und des Heils, das er schenkt. Wer sich gewiss ist, dass Gott ihm Frieden schenkt, der hat diesen Frieden nicht nur, er erfährt ihn.

Gewissheit ist allerdings etwas anderes als Sicherheit. Sicherheit kennt keine Abhängigkeit mehr, Sicherheit wird selbstgefällig und bald überheblich. Gewissheit dagegen empfängt, bleibt abhängig und demütig.

Unsicherheit auf der anderen Seite ist zögerlich, ängstlich, immer unklar und vage. Gewissheit dagegen ist mutig, ergreifend, klar.

So hat sich das Wort „Heilgewissheit" etabliert. Es ist kein Begriff, der so in der Bibel vorkommt. Aber die Sache ist biblisch. Sie beschreibt den Zustand eines Menschen, der sich seines Heils gewiss ist. Nicht sicher im oben negativ beschriebenen Sinne. Auch nicht unsicher! Sondern eben gewiss. Wer gewiss ist, der tut genau das, was ich von Martin Luther erzählte, der einen auf Gottes Verheißungen gegründeten Glauben verkündete. Der stellt sich auf Gottes Zusage, wie ich es an jenem Morgen tat, als ich Römer 5,1 las (siehe Kapitel

2). Der weiß, so wie Gottfried und seine Familie: meine Frau, unsere Mutter, sie ist in Gottes Hand, wir können sie ziehen lassen. Gewissheit ist die Frucht aus einem an Gottes Zusagen klebenden Glauben. Und diese Gewissheit sollen wir suchen. Sie ist Ausdruck lebendigen Glaubens und bewirkt Lebenstüchtigkeit, Neugierde und Zuversicht. Martin Luther schrieb mit seinen typisch kräftigen Worten:

> *Glaube ist eine lebendige, verwegene Zuversicht auf Gottes Gnade, so gewiss, dass er tausendmal drüber stürbe, und solche Zuversicht und Erkenntnis göttlicher Gnade macht fröhlich, trotzig und lustig gegen Gott und alle Kreaturen, welches der heilige Geist tut im Glauben.*[22]

Lustig gegen Gott und alle Kreaturen bedeutet hier so viel wie „putzmunter", „fidel" oder eben „kindlich".

Manche sind so weit gegangen zu sagen, wer keine Gewissheit habe, habe kein Heil. Nur der gewiss Glaubende habe das Heil wirklich ergriffen. Das geht zu weit. Da wird die Grundlage mit der Wirkung verwechselt. Es wirft vor allem diejenigen in noch tiefere Abgründe, die aufgrund von psychischer Erkrankung, besonders von Depressionen, gar nicht fröhlich glauben können. Ein Symptom einer ausgewachsenen Depression ist häufig, dass sich die Betroffenen als von Gott besonders bestraft ansehen. Sie meinen, Gott habe ausgerechnet sie zum Unheil bestimmt. Sie glauben an ihn. Aber sie denken, sie seien dennoch verworfen. Gewissheit ist ihnen fremd. Ihnen zu sagen, dass sie kein Heil hätten, ist absurd und menschenverachtend. Aber auch gesunde Menschen können nicht darauf reduziert werden, ob sie gewiss glauben.

Richtig ist dennoch, dass Glaube im Neuen Testament gewisser Glaube ist. Nur der gewisse Glaube empfängt alle Segnungen und Geschenke, die Gott bereithält. Gewissheit ist der Schlüssel, um den Glauben, wie Gott ihn meint und schenkt, zu unterscheiden von einem allgemeinen Glauben, der letztlich in der Ungewissheit verharrt. Denn Ungewissheit ist wie ein Nebel, der auf allem liegt. Es entsteht keine Kraft. Gewissheit hingegen verhilft zu einem freien Blick auf das, was Gott schenkt.

Kindlich glauben – wie das konkret aussieht

Wie machen es Kinder mit Geschenken? Sie haben lange Wunschlisten zu Weihnachten. Sie erwarten Großartiges von den Eltern. Und wenn sie beschenkt wurden, genießen sie ihre Geschenke, freuen sich darüber und verlieren sich im Spiel.

Ich empfehle deswegen, sich in einer Bibel die Zusagen Gottes besonders farblich zu markieren. Begeben Sie sich auf Entdeckungsreise. Finden Sie heraus, was Gott Ihnen schenkt.

Nehmen Sie sich dann Zeit und danken Sie Gott für die einzelnen Zusagen. Indem Sie danken, nehmen Sie das Geschenk an wie ein Kind. Vielleicht machen Sie sich Ihre persönliche Liste.

Hier ist zum Beispiel eine „Geschenkeliste" aus der Bergpredigt. Weil sie meist als Anspruch gelesen wird (was sicherlich auch richtig ist), ist es überraschend zu sehen, dass viele Geschenke Gottes in ihr verborgen liegen.

So könnte ein Dankgebet, bezogen auf die Bergpredigt, aussehen:

Danke, Herr, für deine Zusagen und Geschenke:

- dass die glücklich sein können, die schwach sind, trauern und verfolgt werden,
- dass du uns zu Salz und Licht gemacht hast –
welch große Vision,
- dass du die Schriften nicht aufgelöst, sondern erfüllt hast,
- dass kein Jota und Strichlein aus dem Gesetz vergehen wird – du bist zuverlässig,
- dass du Versöhnung in den Mittelpunkt stellst und keine Rechthaberei willst,
- dass du nicht nur am äußeren Halten der Gebote interessiert bist, sondern unsere Herzen siehst,

- dass du nicht nach äußerem Gottesdienst fragst, sondern den verborgenen bei uns suchst – was für eine großartige Befreiung,
- dass wir zu Gott Vater sagen können,
- dass du weißt, was wir brauchen,
- dass du dich sorgst – und wir uns deswegen keine Sorgen machen brauchen,
- dass du unsere Gebete erhören wirst,
- dass du nicht an frommen Worten und großartigen Anrufungen interessiert bist, sondern an einem echten Leben unter deiner Herrschaft,
- dass unser Leben fest gegründet ist, wenn wir tun, was du sagst.

Oder hier einmal eine Liste, die entsteht, wenn man den 2. Korintherbrief liest und Gottes Geschenke entdeckt:

Danke,

- dass du tröstest, wie kein Mensch trösten kann,
- dass wir einander trösten können,
- dass du die Toten auferweckst,
- dass wir durch das Gebet am Leben und Arbeiten anderer mitwirken können,
- dass du treu bist,
- dass in dir alle Verheißungen bestätigt sind,
- dass du uns befestigst in Christus,
- dass du uns gesalbt hast,
- dass du uns mit dem Heiligen Geist versiegelt hast,
- dass du uns im Triumphzug umherführst,
- dass wir ein Brief Christi sind, geschrieben mit dem Geist des lebendigen Gottes,
- dass du uns tüchtig machst zu Dienern des neuen Bundes,
- dass dein Geist lebendig macht,
- dass da, wo dein Geist ist, Freiheit ist,

- dass wir nicht erdrückt werden, auch wenn wir bedrängt sind,
- dass wir nicht ohne Ausweg sind,
- dass wir nicht verlassen sind, wenn auch verfolgt, nicht vernichtet,
- dass du uns auferwecken und vor dich stellen wirst,
- dass der innere Mensch von Tag zu Tag erneuert wird,
- dass wir ein ewiges Haus im Himmel haben,
- dass du für alle gestorben bist – und somit wir alle gestorben sind,
- dass wir dir gehören,
- dass wir eine neue Schöpfung sind in Christus,
- dass du uns mit dir selbst versöhnt hast,
- dass du uns den Dienst der Versöhnung gegeben hast,
- dass du den, der von keiner Sünde wusste, für uns zur Sünde gemacht hast,
- dass wir Tempel des lebendigen Gottes sind,
- dass du unter uns wohnst, unser Gott bist, wir dein Volk,
- dass wir reichlich ernten können (wenn wir reichlich säen),
- dass du fröhliche Geber liebst,
- dass du gerne gibst, überströmend,
- dass deine Gnade genügt, dass sie in unserer Schwachheit zur Vollendung kommt,
- dass wir da, wo wir schwach sind, stark sind in deiner Gnade,
- dass Jesus Christus in uns wohnt,
- dass der Gott der Liebe mit uns ist.

Wenn Sie anfangen, so zu beten, werden Sie dem vierjährigen Mädchen ähnlicher, von dem ich eben erzählte. Sie werden überwältigt von der unfassbaren Fülle, mit der Gott Sie beschenkt. Sie werden strahlen vor Freude. Sie können gar nicht mehr stillehalten, weil Sie aus seinem Reichtum empfangen.

Sie wollen nicht wie ein vierjähriges Mädchen werden? Dann werden Sie wie meine väterlichen Freunde: dankbar, gewiss, kindlich.

Kapitel 9

Unkompliziert

Der Weg der Einfachheit

Während einer Stadtführung durch Köln wurde uns einmal erzählt, dass die Stadt eigentlich auf den Knöchelchen von Märtyrern erbaut sei. Das sei auch der Grund, weswegen die Kölner so gut drauf seien. Sie lebten auf sicherem Fundament. Ihnen könne eigentlich nichts passieren. „Gott ist groß, die Sünde ist vergeben, wir kommen alle, alle in den Himmel. Und wenn wir sündigen, dann haben wir ja die Beichte. Fertig." Ganz ehrlich, ich kann mich nicht entscheiden. Diese Haltung finde ich abstoßend und zugleich beneidenswert.

Beneidenswert ist sie, weil die Leute – zumindest gefühlt – mit einem sicheren Grund leben. Sie nehmen das eigene Leben nicht zu wichtig, auch nicht die eigene Frömmigkeit. Das ist eine gesunde Lebenshaltung.

Abstoßend ist sie, weil diese Einstellung trügerisch sein kann, wenn der Grund nicht Christus und sein Werk ist. Abstoßend ist sie, weil im Grunde die Heiligkeit Gottes nicht ernst genommen wird. So kann man nur reden, wenn man weite Teile der Bibel ignoriert. Da wird die Kirche (oder hier genauer: die Knöchelchen von Märtyrern) zu einer Rundumversicherung, die entscheidende Bestandteile des Glaubens eher verhindert, wie zum Beispiel den Anspruch, auch als Heilige zu leben.

Dennoch ging mir die Einfachheit dieses Glaubens nach. „Einfachheit bedeutet eine Rückkehr zur Haltung der Abhängigkeit. Wie Kinder leben wir dann in einem Geist des Vertrauens. Was wir haben, erhalten wir als ein Geschenk", schreibt Richard Foster.[23]

Wir haben gesehen: Kindlicher Glaube ist der Weg, um mit den Verheißungen Gottes ein erfülltes Leben zu führen. Wir sind beschenkt und reich. Wie Foster schreibt, ist es ein Weg in die Einfachheit, in die Abhängigkeit von Gott.

Einfach glauben

Eine alte Tradition sagt: Es ist der Glaube der Kirche, auf den alles ankommt. Die einzelne Person spielt keine große Rolle. So konnten in der römisch-katholischen Kirche Messfeiern durchgeführt werden, an denen außer dem Priester und den Messdienern niemand teilnahm. Denn es ging ja nicht um den Menschen als Adressaten, sondern um Gott und um die Institution, eben um den Glauben der Kirche.

Die Reformatoren haben den Einzelnen wichtiger genommen, haben das Gewissen des Einzelnen und somit auch seinen Glauben ernst genommen. Diese Betonung des Individuums ist in unseren evangelikalen (oder pietistischen, erweckten, charismatischen, wie auch immer man sie bezeichnen mag) Kreisen weitergeführt worden. Der Einzelne muss sich bekehren. Der Einzelne soll glauben, er soll die Bibel lesen und beten. So entwickelte sich zum Beispiel die sogenannte „Stille Zeit", in der der Einzelne mit Gott „einen Termin" hat.

Aus diesem positiven Ansatz ist bei nicht wenigen Menschen eine sehr anstrengende Sache geworden. Während die Betonung früher zu stark auf der Institution lag, liegt sie heute manchmal zu sehr auf dem einzelnen Menschen. Glaube wird dann sehr schwer. Nicht unbedingt intellektuell anspruchsvoll; das ist nicht, was ich meine. Ich meine schwer, weil er eine Aufgabe und eine Last geworden ist. Weil ständig die Angst mitschwingt, ob ich als Einzelner denn genug und richtig und intensiv genug glaube.

Solch eine Angst und Last sollen nicht sein! Auch deswegen schreibe ich dieses Buch. Damit wir nicht unseren Glauben, sondern die Verheißungen Gottes betonen. Die entfalten zwar ihre Kraft in unserem Leben erst durch den Glauben, wie wir schon gesehen haben. Aber wer trägt die ganze Sache? Niemals der Mensch selbst, sondern immer Gott! Immer sein Wort! Darauf stehen wir. Darauf lässt sich gut leben – besser, als auf „Knöchelchen". Glaube ist Geschenk. Und alles, was uns Gott zusagt, empfangen wir im Glauben. Das ist gut reformatorisch!

Einfachheit bringt in Bewegung

Warum sind manche Menschen in der Lage, eine Bewegung auszulösen, andere nicht? Warum begeistern die einen, andere nicht? Warum sind manche Geschäftsmodelle erfolgreich, andere nicht?

Und warum gibt es diese Unterschiede auch bei Gemeinden und Kirchen? Warum wachsen die einen, während andere schrumpfen? Warum rennen den einen die Menschen geradezu die Türen ein, bei anderen bleiben die Reihen leer?

Mich interessieren die Antworten auf diese Fragen, weil ich es gerne sähe, dass aus dem Glauben an Jesus eine große und breite Bewegung wird. Wie wäre es, wenn Hunderte, Tausende und Abertausende feststellten, dass die Zusagen Gottes ihr Leben verändern? Wie wäre es, wenn die, die Jesus schon folgen, völlig neue Erfahrungen mit den Verheißungen der Bibel machten und sie die Kraft Gottes täglich, stündlich erlebten? Wie wäre es, wenn Menschen, die Jesus noch nicht kennen, ihm vertrauten, Frieden mit Gott fänden und durch den Heiligen Geist neue Menschen würden? Wie wäre es, wenn das richtig viele Menschen wären? Ich träume manchmal davon, auch wenn ich gestehen muss, dass mein Alltag oft sehr weit hinter dieser Vision zurückbleibt. Manchmal möchte ich mich zufrieden zurückziehen und die Diskrepanz zwischen meiner persönlichen Wahrnehmung und meinem Traum ignorieren, weil es zu sehr schmerzt. Aber dann spüre ich, dass es mein innerer und geistlicher Tod wäre, wenn ich keinen Schmerz mehr in dieser Sache empfinden würde.

Auf die oben gestellten Fragen gibt es, wie könnte es anders sein, nicht die eine Antwort. So gehören zu einem erfolgreichen Unternehmen zum Beispiel ein klares Geschäftsmodell, Disziplin, die Fähigkeit, schnell auf Trends zu reagieren, ohne die eigene Identität zu verlieren, Durchhaltevermögen und vieles mehr.[24]

Die gleichen Fähigkeiten braucht im Grunde ein Mensch, der eine Bewegung initiieren, der die Gesellschaft nachhaltig prägen will. Und im Gemeindeleben ist es nicht anders. Die Forschung und Literatur bieten eine Reihe von Antworten. Seien es die acht Merkmale wachsender Gemeinden der „Natürlichen Gemeindeentwicklung“[25] oder die Faktoren, die ein „Gemeinde-Comeback“ nachweislich begleiten[26]. Es gehört immer vieles dazu. Vor allem ist es im Gemeindeleben wichtig, dass Menschen mit der unsichtbaren und nicht verfügbaren Kraft Gottes rechnen.

Worum es mir in diesem Zusammenhang aber vor allem geht, ist dieses: Allen Bewegungen und bewegenden Menschen gelingt es, ihre Themen einfach zu halten.

Differenziert denken, einfach sprechen

Was im Geschäftsleben, in der persönlichen Leitungsverantwortung und auch im Gemeindeleben nach meiner Erkenntnis immer mit dazugehört, ist die Fähigkeit, komplexe Sachverhalte in eine einfache und verständliche Sprache zu bringen.

Margot Käßmann ist ein Paradebeispiel für diese Gabe. Es gibt gelehrtere Theologen als sie. Aber man hört ihr einfach gerne zu und folgt ihren Gedanken ohne Mühe. Es gibt vielleicht kompetentere Leute in der einen oder anderen Sachfrage, zu der sie sich äußert. Doch Margot Käßmann bringt komplexe Themen auf den Punkt.

Barack Obama hat es geschafft, durch die simple Botschaft „Yes, we can!“ eine halbe Nation zu mobilisieren, ihn zu wählen und an sich selbst zu glauben.

Geschäftsmodelle, die nicht so erklärt werden können, dass der Kunde sie schnell versteht, haben nur eine geringe Chance, auf dem Markt zu bestehen. Aldi ist eines der erfolgreichsten Unternehmen Deutschlands. Ein Geheimnis dieses Erfolgs hat der langjährige Geschäftsführer von Aldi Nord, Dieter Brandes, in seinem Buch *Einfach managen* beschrieben. Der Titel sagt eigentlich schon alles. Einfachheit ist das Erfolgsrezept.[27] Die Botschaft lautet dabei ungefähr so: „Wir haben 600 Artikel, und die reichen zum Leben. Du brauchst nicht vier Buttermarken. Du brauchst eine. Du hast nicht mehr die Qual der Wahl. So sparst du Geld und Zeit."

Denken wir wieder an den Gemeindekontext: Welche Predigten bleiben bei mir hängen? Es sind häufig diejenigen, die eine einfache Sprache haben. Es sind die, die direkt in mein Herz sprechen. Einfach bedeutet nicht primitiv. Einfach ist offen und klar. Einfachheit kommt zum Punkt, auch wenn vorher differenziert wird. So kann es sein, dass sich sowohl preisgekrönte Wissenschaftler als auch einfache Arbeiter bei derselben Predigt angesprochen fühlen. Einfache Predigten erzählen Geschichten und benutzen treffende Beispiele. Sie sind in der Sprache der Menschen gehalten.

Aus diesem Grund wird Marin Luther bis heute gerne zitiert. Seine derben Sprüche gefallen. Manche Aussage wird ihm wohl auch untergeschoben, sobald eine gewisse Derbheit erreicht ist. So wird er dann zitierfähig. Unbestritten ist, dass Luther ein Meister der Sprache war. In seinem berühmten „Sendbrief vom Dolmetschen" prägte er die berühmt gewordene Formulierung, man solle dem „Volk aufs Maul schauen", um sich ihm verständlich mitteilen zu können. Das Volk aber sprach und spricht niemals gestelzt; es spricht einfach. „Alle deine Predigten sollen so einfach sein wie nur möglich! Nimm keine Rücksicht auf den Fürsten, sondern nur auf die Ungebildeten und Ungelehrten; der Fürst wird auch nicht vom besseren Mehl gebacken."[28]

Ob man es mag oder nicht: Die größte deutsche Tageszeitung schreibt in kurzen Sätzen und einfacher Sprache. Ob man sie mag oder nicht: Sie wird gelesen. Aus diesem Grund meinte Franz Joseph Strauß, man müsse den Luftraum über den Stammtischen beherrschen, um Wahlen zu gewinnen.

An diesen letzten Beispielen wird gleichzeitig die Gefahr dieses Ansatzes deutlich. Es ist der Populismus, die gefährliche Vereinfachung, um sich anzubiedern. Sie nimmt Opfer billigend in Kauf. Dabei spielen schlichte Parolen mit den niederen Instinkten der Menschen. Es sind Sätze, die Menschen anstacheln, aber sie letztlich auch missbrauchen. Es ist der Schaumschläger, der viel hermacht, aber nichts ausmacht.

Diese Gefahr ist mir sehr bewusst, und es gibt Beispiele für diesen Populismus wie Sand am Meer. Um dem entgegenzuwirken, braucht die Einfachheit eine Persönlichkeit mit Substanz. Hinter der einfachen Botschaft muss eine Erfahrung stehen, die jemand gemacht und manchmal durchlitten hat. Gerade die einfache Botschaft muss errungen werden. Dazu gehört ein guter Charakter, der nicht auf Verführung aus ist.

Das Problem ist, dass Substanz und Charakter erst zu erkennen sind, wenn es kriselt. Dann stellt sich heraus, ob die Botschaft trägt, ob der Mensch durchhält. Der Schaumschläger sucht schnell das Weite, der echte Motivator bleibt.

Richard Foster schreibt:

> *Wir dürfen nie die klare Entschiedenheit des Zielstrebigen mit der simplifizierenden Entschiedenheit des Propagandisten verwechseln. Propagandisten haben eine zweckbezogene Einseitigkeit, die oft erstaunlich (und verblüffend) ist. In fröhlicher Unbekümmertheit belehren sie einen über Politik, Religion und Philosophie, ohne die leiseste Ahnung oder Behutsamkeit im Blick auf darin enthaltene Schwierigkeiten. Manchmal kommen sie zu genau der gleichen Schlussfolgerung wie der Zielstrebige und können diese sogar in den gleichen Worten und mit der gleichen Überzeugung ausdrücken. Aber sie kommt zu schnell, zu leicht. Sie ist hohl, weil ihr die Lauterkeit des schmerzlich Errungenen fehlt.*[29]

Ich habe selten eine so knappe und gute Definition von Einfachheit in Abgrenzung zur Propaganda gefunden wie diese von Foster. Nur der, der die Antwort „schmerzlich errungen“ hat, kann einfach sprechen, ohne zu verführen. Er hat den Charakter und die Substanz, die ihn vom Populismus unterscheiden. Er musste selbst leiden und führt deswegen andere nicht ins Leid.

Wir brauchen dringend diese Unterscheidung, um nicht in falschen Alternativen zu enden. Denn diejenigen, die Angst vor dem Populismus haben und deswegen alles schön kompliziert (in der Sache und in der Sprache) halten, mögen recht haben. Aber wenn ihnen keiner zuhört, hat die Menschheit nichts davon. Und weil sie genau dadurch das Feld den einfach Sprechenden überlassen, vermehrt sich die Gefahr, dass die Verführer die Macht haben. Deswegen brauchen wir dringend Menschen, die in der Lage sind, differenziert zu denken und einfach zu sprechen.

Diese Überlegungen möchte ich nun beispielhaft an einem Bibeltext und an einer Frage konkret anwenden:

Die Verheißungen einfach nehmen

Ich habe eine Sehnsucht. Eine Sehnsucht nach Gemeinden voller Männer und Frauen und Kinder, die einfach glauben. Sie können die Zusagen Gottes nehmen und Gott dafür danken. Sie können ihren Glauben in einfachen Worten beschreiben und davon erzählen, was sie mit Gott erlebt haben. Sie haben ein Lebensfundament. Es ist der gestorbene und auferstandene Jesus Christus, der uns sein zuverlässiges Wort und seine Zusagen gibt. Es sind die Gaben, die Gott uns in ihm schenkt. Dieses Fundament ist so fest, dass es sich gut darauf leben lässt. Meine Vision ist, dass Menschen im Glauben daran fröhlich, gelassen und entschlossen leben. Sie gehorchen dem Wort Gottes, aber nicht so, dass sie sich und ihren Gehorsam wichtig nehmen, sondern Gott selbst!

Ich wünsche mir, dass durch einfache Kommunikation dieser Glaube für viele Menschen verständlich wird. Dass sie sich mit auf dieses Fundament stellen. Ich habe die Sehnsucht, dass noch viel mehr Menschen die verändernde Kraft der Zusagen Gottes erfahren. Doch sie werden sie nur erfahren, wenn wir die ganze Sache nicht zu kompliziert machen. Wenn wir nach dem Nachdenken und auch Zweifeln zu einer Einfachheit in Sprache, Glauben und Haltung gelangen, wie Richard Foster es beschrieben hat. Dann stehen wir auf dem Fundament, das uns trägt.

Ich glaube, dass diese Sehnsucht vom Heiligen Geist inspiriert ist. Ich weiß, dass ich sie mit vielen anderen teile. Es gibt einen Abschnitt im Neuen Testament, der beschreibt, wie Menschen vom Heiligen Geist erfüllt werden:

> *(18) Berauscht euch nicht mit Wein, worin Ausschweifung ist, sondern werdet voll Geist, (19) indem ihr zueinander in Psalmen und Lobliedern und geistlichen Liedern redet und dem Herrn in eurem Herzen singt und spielt. (20) Sagt allezeit für alles dem Gott und Vater Dank im Namen unseres Herrn Jesus Christus! (21) Ordnet euch einander unter in der Furcht Christi (Epheser 5,18-21).*

Dieser Text hat eine logische Struktur.[30] Zwei Aufforderungen stehen in Vers 18: Erstens, berauscht euch nicht mit Wein. Zweitens, werdet voll Geist.

Offensichtlich geht beides nicht gleichzeitig. Es ist nicht möglich, sich mit Wein (oder Ähnlichem) zu berauschen und gleichzeitig voll des Geistes Gottes zu sein. Es wird jedoch nicht ausgeführt, ab wie viel Promille der „Rausch" beginnt, der den Geist vertreibt. Wichtiger als diese Frage ist aber ohnehin die Aufforderung, voll Geist zu werden. Die sich anschließenden Verse 19-21 erläutern, wie das geschehen kann:

> *a) indem ihr zueinander in Psalmen, Lobliedern, geistlichen Liedern redet und dem Herrn in eurem Herzen singt und spielt,*
> *b) indem ihr allezeit für alles dem Gott und Vater dankt im Namen Jesu,*
> *c) indem ihr euch einander unterordnet.*

Kurz gesagt: Wenn wir singen, danken, uns einander unterordnen, werden wir mit Geist erfüllt. So wird eine Verheißung daraus: Wir werden voll des Geistes, wenn wir singen, danken und uns einander unterordnen.

Auf den ersten, oberflächlichen Blick kommt einem das vielleicht sehr schematisch vor. „Tu dies und jenes und du wirst voll des Geistes Gottes." Aber wenn man genauer hinschaut, dann entdeckt man, dass die drei Aufforderungen (oder auch Bedingungen) mit Bedacht gewählt sind und unser Leben tatsächlich tief greifend verändern. Und weil hier ganz einfach beschrieben wird, wie man des Geistes voll werden kann, lohnt es sich, das anzusehen.

1. Singen

Wie haben die Menschen eigentlich vor 2000 Jahren gesungen? Hatten sie Liederbücher? Nein. Hatten sie Folien? Nein. Sie hatten gar nichts. Keine Blätter, keine Bücher und schon gar keinen Beamer. Wie haben sie also gesungen? Sie haben die Lieder auswendig gelernt. Und das ging ganz schnell, denn man war es gewohnt. Außerdem lernt das Gehirn viel selbstverständlicher, wenn es keine Hilfsmittel hat. Das kann jeder nachvollziehen, der sich auf technisches Gerät verlässt. Sie schwächen das Erinnerungsvermögen. Seit ich ein Handy mit Telefonbuch habe, merke ich mir kaum noch Telefonnummern. Seit ich mit dem Navigationsgerät Auto fahre, behalte ich Straßen und Wege schlechter im Gedächtnis. Das gilt auch für Liedtexte: Seit wir sie lesen, merken wir sie uns schlechter. Ich denke jedoch: Einfach halten kann man seinen Glauben nur, wenn man etwas auswendig lernt.

Durch das Auswendiglernen prägen sich Texte tiefer ein. Ich habe in dem kleinen Exkurs zur Hirnphysiologie erläutert, dass die Hirnstruktur beeinflusst werden kann. Wer auswendig lernt, der beeinflusst sie. Sein Denken wird langsam aber sicher verändert.

Manche älteren Leute haben einen großen Vorteil. Sie kennen viele Texte auswendig. Am leichtesten ist es, beim Singen auswendig zu lernen. Ich bin immer wieder überrascht, dass ich Lieder aus dem

Radio bald auswendig mitsingen kann, während mir das bei anderen Texten sehr schwerfällt.

Singen ist natürlich viel mehr als nur auswendig lernen. Es erfasst den ganzen Menschen. Die Atmung, eines der großen Geschenke Gottes, wird beeinflusst. Singt ein Mensch mit anderen zusammen, fühlt er sich nicht alleine.

Gemeinsames Singen ist geordnetes Jubeln. Gemeinsames Singen ist gemeinsames Klagen. Gemeinsames Singen bringt Menschen zusammen. Unter anderem wird es deswegen immer Gottesdienste geben, weil diese Gemeinschaftserfahrung nicht per Mausklick im Internet zu machen ist. Deswegen ist es mein dringendes Plädoyer, sich Zusagen Gottes in Liedform zu merken. Sie können sie auch so auswendig lernen, aber ich vermute, dass es in Liedform einfacher ist.

Als ich eine sehr schwierige Reise antreten musste, sang ich am Abend vor meiner Abreise mit Jugendlichen folgendes Lied: „God will make a way, when there seems to be no way. He works in ways we cannot see, He will make a way for me. He will be my guide, hold me closely by His side. With love and strength for each new day, He will make a way, He will make a way!" (Deutsch: Gott wird einen Weg bahnen, wenn es keinen zu geben scheint. Er wirkt auf unsichtbare Art und Weise, er wird mir einen Weg bahnen. Er wird mich leiten, mich nah an seiner Seite halten. Mit Liebe und Stärke für jeden neuen Tag; er wird einen Weg bahnen, er wird einen Weg bahnen.)

Dieses Lied war mein Begleiter. Immer summte ich es. Und mit dem Lied begleitete mich das Versprechen, dass Gott auf meiner Reise mit mir sein würde.

Der Heilige Geist benutzt Lieder, um uns zu prägen und zu verändern. Durch Lieder kann es geschehen, dass wir von ihm erfüllt werden. Es ist eine praktische und einfache Weise, in der Gegenwart Gottes zu leben.

2. Danken

Gott allezeit zu danken, wie es in dem Vers aus dem Epheserbrief gefordert ist – ich weiß, viele empfinden das als eine Zumutung. Und es ist auch eine, wenn man diesen Satz als Gesetz missbraucht. Es ist völlig klar, dass ein Mensch klagen können muss. Gleichzeitig ist es unbestritten, dass der Mensch, der dann zum Danken übergeht, einen neuen Blick erhält.

Wer lernt zu danken, wird alles, wirklich alles, mit neuen Augen sehen. Wer dankt, lernt ganz nebenbei einen einfachen Lebensstil, denn er wird mit weniger zufrieden sein. Wer dankt, wird selbst in extrem schlechten Lebenslagen erkennen können, welche Chancen in ihnen liegen. Der dankbare Mensch übt sich darin, die Verheißungen Gottes zu nehmen und sie als Schätze zu heben. Wer dankt, für den ist eine schlichte Mahlzeit ein Freudenfest. Ohne Dank hingegen kann das üppigste Mahl zur lästigen Pflicht werden. „Wenn das einzige Gebet, das du während deines Lebens sprichst, ‚Danke' heißt, würde das genügen", erkannte schon Meister Eckhart.

Wenn es einen Weg gibt, die Verheißungen Gottes als Kraft zu erfahren, dann ist es der des Dankens. „Wer Dank opfert, der preiset mich, und da ist der Weg, dass ich ihm zeige das Heil Gottes" (Psalm 50,23; LUT).

Es gibt Tage, da stehe ich morgens auf und weiß nicht, wie ich beten soll. Mein Blick ist fixiert auf die anstehenden Herausforderungen und die Schwierigkeiten. Das kann so lähmend wirken, dass ich keinen einzigen Satz des Gebets über die Lippen bekomme. Wenn es so weit gekommen ist, habe ich oft versucht, einfach Gott zu danken. Zunächst ist das nicht leicht, weil es der Stimmungslage nicht entspricht, und mir fällt auch kaum etwas ein. Aber wenn ich einmal angefangen habe, dann verändert sich der Blick und mir wird immer deutlicher, dass ich tausend Gründe zum Danken habe. Wenn ich das eine halbe Stunde tue, kommen mir die Schwierigkeiten, unter denen ich vorher zu zerbrechen meinte, ziemlich klein vor. Sie wiegen nur noch ganz wenig im Gegensatz zu den gewichtigen Gründen, Gott zu danken. Und dann kann ich sogar danken, dass Gott auch für meine Schwierigkeiten schon eine Lösung hat, dass er sie kennt und dass er sie letztlich im Griff hat.

Eine besonders anspruchsvolle Übung ist die, für schwierige Leute zu danken. Natürlich darf man sich auch über sie ärgern und muss es sicherlich auch manchmal. Aber es gibt den Moment, da es angebracht ist, für sie zu danken. Wie gesagt: Es ist eine Übung, und das bedeutet, dass man das im Alltag nicht immer schafft. Aber wer es trainiert, dessen Blick verändert sich nach und nach. Ich rate, es einfach einmal auszuprobieren.

Auch in diesem zweiten Stichwort liegt die Verheißung: Wir werden mit Heiligem Geist erfüllt. Durch das Danken entsteht eine Offenheit für ihn und für das, was er sieht und schenkt. Wer dankt, lernt, sein Leben in einem völlig anderen Licht zu betrachten – und der Heilige Geist hält Einzug.

3. Sich einander unterordnen

Was für ein Wort! Es passt so gar nicht in unsere Zeit. Hier gilt dasselbe wie an anderen Stellen dieses Buches. Man darf diese Aufforderung nicht gesetzlich handhaben. Nur wirklich freie Menschen sind ein Segen und empfangen Segen, wenn sie sich anderen unterordnen. Wer den Nächsten dazu zwingt, sich unterzuordnen, wer sich selbst ohne eigene innere Stärke unterordnet, der wird Unterordnung als lebensfeindlichen Zwang erleben. Und wer Unterordnung nur in eine Richtung versteht, der macht daraus einen Machtapparat. Es heißt: Ordnet euch *einander* unter. Jeder ist also mal dran. Dann entsteht ein Geist des Dienens, der wirklichen Unterordnung.

Weil es so viele falsche Ausformungen gibt, fällt es uns schwer, die gesunde Unterordnung zu praktizieren. Beispielsweise ist eine moderne Verdrehung dieser Aufforderung der sehr laut vor sich hergetragene Satz: „Wir wollen euch dienen!" Je lauter er gesagt wird, desto skeptischer bin ich inzwischen, weil dahinter oft die sanfte Art des Herrschens steckt. „Wir wollen euch mit unserem Programm dienen", heißt dann: „Ihr müsst das genau so übernehmen. Tut ihr es nicht, verpasst ihr den Segen Gottes. Außerdem müsst ihr tun, was wir sagen, sonst ist es nicht mehr unser Dienst an euch."

Echter Dienst bauscht sich nicht auf. Echter Dienst ist nur mit echtem Respekt und aufrichtiger Anerkennung des Nächsten möglich.

Echter Dienst muss auch nicht ständig betonen, dass es Dienst ist. Echter Dienst dient einfach.

In der Ehe fängt die gegenseitige Unterordnung an! Es gibt einen langen Streit darüber, ob man aus den Aussagen in Epheser 5,21-33 schließen kann, dass sich eigentlich vor allem die Frau unterzuordnen habe und der Mann seine Frau lieben soll, sich aber nicht unterordnen muss. Für mich kommt es darauf an, in welcher Grundhaltung Ehepartner miteinander leben. Geht es letztlich darum, dass ich den anderen in den eigenen „Kosmos" einsortiere? Dann muss er mir und meinem Lebenskonzept dienen. Oder liebe ich? Dann bin ich interessiert am anderen und seinem Wohl. Unterordnung heißt dann: Ich suche nicht meins, ich suche deins, dein Wohlergehen. Das geht langfristig nur, wenn ich keine Angst haben muss, dabei zu kurz zu kommen. Und es geht in der Nachfolge Jesu, der sein Leben gegeben hat, damit wir heil werden. Deswegen heißt es auch: Ordnet euch einander unter in der Furcht Christi!

Es mag überraschen, dass die Unterordnung ebenfalls ein Weg ist, mit Heiligem Geist erfüllt zu werden. Auch hier gilt: Probieren Sie es aus – mit starkem, befreitem und von Gott erfülltem Herzen. Dann werden Sie es erfahren.

Einfach halten

Im Buch Prediger/Kohelet steht der interessante Satz: „Gott hat den Menschen aufrichtig gemacht; sie aber suchten viele Künste" (Prediger 7,29). Daraufhin dichtete Matthias Claudius: „Wir stolzen Menschenkinder sind eitel arme Sünder und wissen gar nicht viel. Wir spinnen Luftgespinste und suchen viele Künste und kommen weiter von dem Ziel." Eine moderne Bibelausgabe hat diesen Vers wunderbar übersetzt: „Gott hat die Menschen einfach und aufrichtig geschaffen, aber manche wollen alles kompliziert haben" (GNB).

Alle großen Bewegungen dieser Welt haben einen einfachen Kern. Die Zusagen Gottes werden ihre Kraft entfalten, wenn wir sie einfach erfassen. Diese Art der Einfachheit ist eine hohe Kunst und keinesfalls primitiv. Singen, Danken und einander Unterordnen sind Beispiele, wie durch sehr einfache Anwendung Gottes Zusage erfüllt wird: dass wir mit Heiligem Geist erfüllt werden.

Kapitel 10

Herausfordernd

*

Es geht nicht glatt auf

Es wird höchste Zeit für dieses Kapitel! Vielleicht sind Sie beim Lesen unruhig geworden, weil Sie Ihr eigenes Leben betrachten und sagen: Das mit den Zusagen Gottes geht nicht glatt auf. Es funktioniert nicht so einfach. Ihr kindlicher Glaube ist Ihnen schon lange verloren gegangen, irgendwo zwischen einer verpatzten Klausur (trotz intensivem Gebet), einer großen Enttäuschung (z.B. einer verflossenen Liebe), einer schweren Krankheit (trotz der Verheißung, dass Gott Ihr Arzt ist) oder dem tödlichen Unfall eines geliebten Menschen (obwohl doch Gott angeblich nicht schlummert und schläft). In Ihnen nagt schon seit einer Weile der Verdacht, dass auf die Zusagen Gottes nicht wirklich Verlass ist und sie keine echte Kraft und Wirksamkeit besitzen. Und wenn sie gelten, dann nicht Ihnen.

In solchen Situationen gibt es zunächst sehr ernsthafte und zum Teil unangenehme Fragen, die man sich stellen muss. Sie können, sie müssen nicht, zu Teilantworten führen. Solche Fragen können sein:

- Ist mir klar, dass es beim Glauben nicht um ein System geht, das zu funktionieren hat, sondern um Gott und eine Beziehung zu ihm? Ist mir bewusst, dass Gott nicht immer so funktioniert, wie ich es will oder meine, verstanden zu haben?
- Folge ich bei meinen Gebeten im Grunde egoistischen Wünschen anstatt dem Reich Gottes?
- Gibt es Sünde in meinem Leben, die Gottes Wirken hindert? Hat sich der Heilige Geist vielleicht zurückgezogen?

- Kann ich die Zusage Gottes wirklich auf mich anwenden (siehe Kapitel 4)?

Solche Fragen müssen sein. Hiobs Freunde haben sie so ähnlich gestellt. Diese Männer, die sich ein klirrendes Wortgefecht mit dem leidenden Hiob lieferten, sind nicht besonders gut angesehen. Zu Unrecht, wie ich finde. Sie waren nicht die schlechtesten Ratgeber. Nur weil sie am Ende von Gott gerügt wurden, sollten wir uns nicht über sie erheben. Gleichzeitig griffen sie definitiv zu kurz. Sie wollten das Schicksal Hiobs in ihr Glaubenssystem einordnen, so wie Hiob es selbst auch versuchte. Sie hatten den verständlichen Wunsch, in allem eine Logik zu erkennen. Aber genau das gelang nicht.

Hiobsbotschaften

Sehr häufig gibt es nach dem Eintreffen von „Hiobsbotschaften" einfach keine wirklich schlüssige Antwort, die uns befriedigen könnte. Punkt. Aus. Fertig. Und das sage ich nicht mit einem entschuldigenden Unterton. Denn ich trete nicht an, um Gott zu verteidigen, und füge ganz am Ende noch kleinlaut an: „Sorry, da habe ich jetzt gerade auch keine Antwort drauf", mit dem unausgesprochenen Zusatz, dass die Antwort ja noch kommen könnte, wenn mir etwas Schlaues einfällt.

Nein, bei Weitem nicht. Im Gegenteil. Die Erfahrung, dass es nicht immer eine befriedigende Antwort gibt, gehört für jeden Menschen zum Leben und zum Glauben dazu. Ich kenne keinen einzigen Menschen, der nicht irgendwann Erfahrungen macht, die ihn an die Grenzen der Belastbarkeit führen. Jeder kann an Gott und an seinem Schicksal verzweifeln. Das Ziel des Lebens und Glaubens ist nicht, dass ich mir irgendwann auf alles einen Reim machen kann. Das Ziel ist: Gottes Ehre und Frieden den Menschen.

Eine der schmerzhaftesten Erfahrungen meines Lebens ist die Tatsache, dass meine Frau und ich keine Kinder bekommen haben. Ich muss erwähnen, dass Susanne und ich seit über zwanzig Jahren sehr glücklich verheiratet sind, dass wir uns beide Kinder gewünscht haben und dass ich schon, bevor wir ein Paar wurden, dachte: Susanne könnte einmal die Mutter meiner Kinder sein! Hinzu kommt, dass Susanne eine unglaubliche Begabung hat, mit Kindern umzugehen. Sie kann sie begeistern, gewinnen und ihnen ein Gefühl der Geborgenheit und Sicherheit vermitteln.

Als wir merkten, dass wir keine Kinder bekommen, haben wir für uns beten lassen. Die Ältesten unserer Gemeinde haben für uns gebetet. Wir haben unsere Sünden bekannt. Wir haben gefleht und geweint. Wir haben medizinische Untersuchungen machen lassen. Organisch hatten wir eine 50/50-Chance. Wir dachten, dass das ja für Gott eine Super-Mini-Kleinigkeit sein müsste. 50 Prozent Wahrscheinlichkeit! Das ist viel, sehr viel, für Gott ein Kinderspiel. Und doch blieb eine Schwangerschaft aus. Schon wenn ich das schreibe, überfällt mich Traurigkeit. Und die Fragen kriechen in mir hoch: „Warum ich? Warum wir? Wieso erfüllst du deine Zusagen nicht? Du hast uns doch den Wunsch nach Kindern ins Herz gelegt. Das ist doch deine eigene Schöpferidee. Und du hast das Gebet um Nachwuchs bei anderen erhört. Du hast ernst genommen, was Hanna betete (2. Samuel 1-2). Warum hast du ihr Gebet gehört, nicht aber unseres?"

Dann krochen in uns die Fragen an uns selbst hoch. Sie können einen zermürben: „Ist etwas in unseren Leben, das nicht passt? Wären wir vielleicht gar keine guten Eltern? Sind Kinder für uns nur ein weiteres Element in unserem Lebensentwurf, den wir selbstherrlich gestalten?" Vieles davon ist völliger Unsinn, aber ich möchte darstellen, was einem alles so durch den Kopf gehen kann. Da wird nicht mehr gefiltert.

Und dann kamen die Erklärungsversuche von außen, die uns manchmal quälten: „Ihr habt ja ohne Kinder ganz andere Freiheiten!" Auf die hätten wir sehr gerne verzichtet und uns durch ein schreiendes Baby und elterliche Verantwortung binden lassen. „Ohne Kinder seid ihr im Reich Gottes viel intensiver unterwegs!" Ach, und was ist mit den anderen, die im Reich Gottes unterwegs sind und Kinder haben? Sind die weniger intensiv? Und überhaupt: als hätte das Reich Gottes nichts mit Kindern zu tun. So ein Unsinn. Oder ein Beispiel aus dem esoterischen Bauchladen, den mancher vor sich herträgt: „Das hat alles eine größere, kosmische Bedeutung." Das soll beruhigen. Uns begegnete auch die Küchentischpsychologie: „Im Grunde wollt ihr wahrscheinlich keine Kinder, so im Tiefsten." Autsch.

Im Grunde genommen sind das alles Versuche, sich einen Reim auf das zu machen, was man nicht verstehen kann. Sie können fromm daherkommen, sie können auch unfromm daherkommen. Offensichtlich halten wir Menschen offene Fragen schlecht aus. Wir wollen, dass sich alles auflöst. Ich verstehe das, ich kenne das in mir. Auch ich will nicht mit vielen ungeklärten Fragen leben müssen.

Und wenn dann Leute Kinder bekommen, die gar keine haben wollten und sich darüber beklagen oder über Abtreibung nachdenken – das tut weh. Wenn Kinder zur Welt kommen, die zuerst einmal einen Entzug durchmachen, weil die Mutter drogenabhängig ist – das ergibt einen langen Fragenkatalog an Gott. Es schmerzt von innen, von außen, von unten und von oben, von links und rechts.

Und was ist mit Gottes Zusagen? In Psalm 37,5 heißt es doch: „Befiehl dem Herrn deine Wege und hoffe auf ihn, er wird es wohlmachen." Ich liebe Paul Gerhardts Auslegung dieses Psalmverses in seinem großartigen Lied.

Befiehl du deine Wege und was dein Herze kränkt
der allertreusten Pflege des, der den Himmel lenkt.
Der Wolken, Luft und Winden gibt Wege, Lauf und Bahn,
der wird auch Wege finden, da dein Fuß gehen kann.

Ihn, ihn lass tun und walten, er ist ein weiser Fürst
und wird sich so verhalten, dass du dich wundern wirst,
wenn er, wie ihm gebühret, mit wunderbarem Rat
das Werk hinausgeführet, das dich bekümmert hat.

Dieses Lied, diese Zusage Gottes ist mit uns gegangen. Wir wollten unseren Weg in Gottes Hand legen. Wir wollten erwarten, dass er handelt und antwortet. Es ist ein Weg voller Hoffnung geworden: voller enttäuschter Hoffnung, aber auch bleibender Hoffnung.

Habe ich eine Antwort auf die Frage, wie es nun mit der Verheißung, dass Gott es „wohlmacht", aussieht? Nein.

Brauche ich sie, um glauben zu können? Lange habe ich gedacht, ich bräuchte die Antwort. Heute sage ich: Nein.

Hätte ich sie gerne? Auch darauf hätte ich früher mit Ja geantwortet. Heute würde ich eine Antwort, bei der alles passt, skeptisch betrachten. Denn ich habe Wichtiges gelernt durch die Erfahrung, dass nicht alles glatt aufgeht.

Habe ich in mir Verbitterung? Nein. In unserem Schmerz haben wir uns gesagt: „Wohin sonst, als zu Gott, sollten wir gehen?"

Und dann gab es ab und zu Lichtblicke. Susanne blieb hängen an der Zusage Gottes aus Jesaja 54,1: „Juble, du Unfruchtbare, die nicht geboren, brich in Jubel aus und jauchze, die keine Wehen gehabt hat! Denn die Söhne der Einsamen sind zahlreicher als die Söhne der Verheirateten, spricht der HERR." Susanne kann diese Zusage für sich nehmen, obwohl Unfruchtbarkeit nach unseren Erkenntnissen gar nicht der Grund für unsere Kinderlosigkeit ist. Meine Frau wird mit dieser Verheißung von Gott aufgerichtet. Und tatsächlich gibt es inzwischen viele Jugendliche (und zunehmend ehemalige Jugendliche), die zu ihr „Mami" sagen. Neulich bekam sie zum Muttertag Post von „geistlichen Kindern". Das sind alles keine Antworten, aber es sind Lichtblicke.

Mich tröstet die Zusage Jesu und die Perspektive der Bibel, dass ich als Nachfolger Jesu Teil einer großen neuen Familie bin. Ich habe den Eindruck, dass diese geistliche Familie für Unverheiratete, für Kinderlose, für Menschen, die die einzigen Christen in ihrer Familie sind, eine größere Bedeutung hat als für Menschen, die in ihren Familien sehr glücklich und erfüllt sind. Ich freue mich darüber, dass ich auf der ganzen Welt Brüder und Schwestern habe.

Schmerzende Wunden

Trotz der Lichtblicke und Perspektiven haben wir auch Klagen! Wir weinen vor Gott. Wir schleudern ihm unseren Schmerz entgegen. Ich glaube nicht an einen Gott, der mir alles beantwortet. Ich glaube nicht an einen Gott, der mir diese Antworten schuldig ist. Ich glaube nicht an einen Gott, der sich vor mir rechtfertigen müsste – aber an einen Gott, den ich dennoch anschreien kann. Einen lebendigen Gott.

Solche Wunden wie bei uns die Kinderlosigkeit sind letztlich die Nagelprobe dafür, ob mein Glaube vital oder ein totes System von Prinzipien und Richtigkeiten ist. Meine feste Überzeugung ist, dass das System abstoßend und unbiblisch ist. Es schrumpft Gott auf Menschengröße zusammen. Gott aber ist tausendmal größer als alles, was ich denken oder systematisieren kann.

Noch einmal Esther Maria Magnis in ihrer typischen Sprache:

> *Meine alte Wut auf Gott habe ich in der Bibel wiedergefunden. Und ich habe dort auch gelesen, wie Gott einem Menschen geantwortet hat, als der ihn fragte, warum er so leiden müsse. Ich konnte es nicht fassen, als ich las, was da stand. Weil es genau das war, was ich kennengelernt hatte. Gott gibt diesem Menschen auf seine Frage hin keine Erklärung, er donnert ihn mit seiner Wirklichkeit an und fragt ihn über Seiten hinweg: „Wo warst du, als ich die Erde gründete, sage an, bist du so klug ? (...) Wer verschloss die Meere mit Toren, als schäumend es dem Mutterschoß entquoll, als Wolken ich zum Kleid ihm machte? (...) Hast du je in deinem Leben dem Morgen geboten, dem Frührot einen Ort bestimmt?“ Ich heulte, als ich das las. Ich konnte das gar nicht fassen.*
> *Das war der Gott, zu dem ich betete. Das war das Dröhnen und das „Du sollst“ der Monate, bevor ich mich ihm zugewandt hatte. „Die kennen den“, hab ich gedacht. (...)*

Damals habe ich begonnen, durch die Bibel wie durch eine Landschaft zu stolpern. Wo ich nicht durchkam, kam ich nicht durch. Manchmal rannte ich dagegen an oder ging beleidigt weg. Wo es schön war, hielt ich mich lange auf. Wo es fremd war, hockte ich und wartete.
Ich habe damals meine Klage in der Bibel gefunden, mein Gejammer und Gemotze, meine Verzweiflung.[31]

Magnis ist keine Theologin und ihr Buch ist keine Dogmatik. Es ist verstörend und vielleicht haben die Zeilen auf Sie auch so gewirkt. Aber diese Verstörung ist zumindest lebendig! Und ehrlich. Es ist ein Buch, in dem die Autorin um ihren Glauben und um Gott ringt. Sie will sich nicht einlullen lassen durch Systeme und fromm klingende Nettigkeiten. Was sie erlebt, macht alles keinen Reim – es geht nicht auf. Und das soll es auch nicht.

Es wird Zeit, dass wir es aufgeben, uns selbst einen Reim auf unser Leben machen zu wollen. Es wird Zeit, dass wir aufgeben, Gott in Schutz zu nehmen. Es wird Zeit, dass wir zugeben, dass nicht alles glatt aufgeht.

Menschen fragen im Fall eines Schicksalsschlages oft: Warum ich? Warum passiert mir das? Ich tue das auch. Die Schauspielerin und Stilikone der 60er-Jahre Audrey Hepburn erkrankte im fortgeschrittenen Alter an Krebs. Sie beeindruckte mich in einem Interview dadurch, wie sie damit umging. Sie sagte, sie habe sich nicht gefragt: Warum passiert mir das? Sondern sie habe gefragt: Warum mir nicht?

Jeder, der diese Zeilen liest, wird schmerzhafte Lebensbereiche und quälende Fragen kennen oder irgendwann kennenlernen. Und manches ist, da bin ich mir sicher, schwerer und schlimmer als das, was ich aus meinem Leben erzählt habe. Vielleicht sagen Sie sogar, dass ich mit meiner „Kinderlosigkeit“ etwas weinerlich daherkomme. Das mag sein. Ich habe mir abgewöhnt, die Wege von Menschen zu vergleichen. Ich weiß nur, dass jeder solch ein Thema hat. Ehelosigkeit, Tod des Ehepartners, Kinderlosigkeit nach mehreren Fehlgeburten, Kriegserfahrungen, Mord, Vergewaltigung, schwere Krankheit. Nichts macht vor unserem Leben Halt. Bei dem einen geschieht dies, bei dem anderen jenes. Warum nicht mir?

Kann man dann noch kindlich glauben? Hat man noch ein Fundament, das wirklich hält? Kann man noch einfach glauben, kann man danken, fröhlich sein?

Ja, aber es ist ein wüster, trotziger, lebendiger, kindlicher Glaube. Es ist ein Glaube, der die Fragen durchlitten und durchdrungen hat – und trotzdem nicht auf alles eine Antwort hat. Erinnern Sie sich an das Zitat von Foster? Er sprach vom „schmerzlich Errungenen". Mein kindlicher Glaube ist kein oberflächlicher Glaube. Er ist schmerzlich errungen. Es ist der Glaube, der tiefer verstanden hat, wie abhängig er von Gott ist.

Ja, es ist ein Fundament da. Und durch das Durchbuchstabieren solcher Fragen wird er befreit von allem möglichen Plunder und unhaltbaren menschlichen Hilfskonstruktionen. Ich behaupte, nur der, in dessen Leben nicht alles glatt aufgeht, der sich nicht einen schnellen Reim auf alles macht, und klingt er noch so fromm, dass nur der die Tragfähigkeit des Fundamentes wirklich erfährt.

Ja, man kann noch einfach glauben, danken, fröhlich sein. Aber eben nicht, weil alles glatt läuft, sondern inmitten eines geschockten Lebens.

Es ist wie mit dem Feiern. Wer damit warten will, bis das Leben perfekt ist, der wird niemals dazu kommen. Feiern heißt immer, inmitten eines feindlichen Lebens zu feiern. Ein Fest ist ein Symbol dafür, dass das Leben weitergeht.

Vertrauen

Thomas und Elke verließen ihre sicheren Jobs, in denen sie seit Jahren gearbeitet hatten, um mit über fünfzig Jahren einen völligen Neuanfang in einer Straßenkinderarbeit in Südamerika zu beginnen. Sie waren keine gefühlsduseligen, religiös überdrehten Leute. Sie waren bodenständig, erfahren, langjährige treue Mitarbeiter, bewährt. Ihre drei Kinder waren bereits erwachsen. Wir hatten damals eine ganz spezielle Aufgabe für sie vorgesehen, für die wir dringend Mitarbeiter benötigten. Es ist eine hohe Verantwortung, Leute aus dem normalen Alltag herauszureißen und in ein solches Abenteuer zu stürzen. Aber es sah alles gut aus. Wir beteten, die Ortsgemeinde konnte den Weg bestätigen, alle waren sich einig. Es gab ein überschaubares gesundheitliches Problem, aber die Tropentauglichkeit war gegeben, und das, obwohl deutsche Ärzte in dieser Hinsicht eher vorsichtig sind.

Nach dem ersten halben Jahr im Sprachstudium stellte sich eine Krankheit ein. Sie war so ernsthaft, dass Thomas sich einer aufwendigen Therapie unterziehen musste. Es wurde zu einer Geduldsprobe. Sein Zustand schwankte stark. Es zog sich. Und es wurde nicht besser. Nach langem Zögern mussten sie zur Behandlung nach Deutschland. Knochenmarktransplantation. Haarausfall. Immunschwäche. Aber all das machten sie mit. Zugleich aber wuchs die Frage, ob ein Einsatz wie geplant überhaupt noch möglich, sinnvoll und geraten sei. Und tatsächlich mussten sich Thomas und Elke und alle, die mit ihrem Weg befasst waren, nach drei Jahren eingestehen, dass es nicht ging.

Ich frage: Was soll das? Ich frage Gott: Was hast du vor? Was ist das für ein Personalmanagement? Ich habe keine Antwort. Elke und Thomas auch nicht. Aber sie sagen: Wir vertrauen, dass Gott dennoch alles unter Kontrolle hat.

Das ist Glaube! Damit rechnen, dass Gott etwas vorhat, obwohl man noch nichts sieht.

Es geht nicht glatt auf. Gelobt sei Gott.

Kapitel 11

Visionär

Über die Zugkraft der Zusagen Gottes

Während meiner ersten Tätigkeit als Pastor einer Gemeinde bezog ich das Haus, das mir zugewiesen wurde. Es lag in einem Tal, direkt neben dem Gemeindehaus. Es kam vor, dass ich tagelang nicht aus dem Tal herauskam, denn viele Gemeindemitglieder wohnten in unmittelbarer Umgebung.

Voller Begeisterung stürzte ich mich in die Arbeit. Ich wollte etwas erreichen und verändern. Und so versuchte ich, meiner Verantwortung gerecht zu werden. Ich machte Hausbesuche, lernte alle Gemeindemitglieder kennen, machte mich mit den administrativen Bereichen der Gemeinde vertraut, predigte regelmäßig, betete, organisierte und vieles mehr. Neben der normalen Arbeit stellte sich jedoch der ein oder andere Konflikt ein. Nichts Ungewöhnliches, wie mir heute klar ist, aber für mich damals als Berufseinsteiger neu. Nach nur kurzer Zeit fühlte ich mich ausgelaugt. Ich wusste gar nicht, warum, aber es fehlte mir der Schwung, morgens mit Begeisterung aufzustehen und zu arbeiten. Ich fühlte mich gefangen in den vielen Verpflichtungen und Kleinigkeiten.

Ich erinnere mich, dass ich eines Tages auf eine nahe gelegene Anhöhe wanderte. Es war eine Gegend ohne Häuser, nur Sträucher, Wiesen und Bäume weit und breit. Ich stellte mich in den Wind, blickte über das Tal auf die gegenüberliegenden Hügel und betete.

Mit einem Mal schienen mir die vielen im Tal zurückgelassenen Fragen, Aufgaben, Menschen und Konflikte sehr klein. Sie konnten mir nichts anhaben. Ich fühlte mich frei, ein wenig enthoben und es strömte Kraft in mein Herz. Ich sah nicht mehr nur das kleine Detail, meine Straße, mein mehr oder weniger wichtiges Leben, unsere kleine Gemeinde mit den mehr oder weniger wichtigen Aufgaben, sondern ich sah das große Bild: die Stadt und die Welt, die diese Stadt umgab. Ich sah von oben darauf, und es schien mir alles eine viel angemessenere Relation zu bekommen.

Das große Bild gab mir in einem Moment einen gelasseneren Umgang mit dem kleinen Detail. Und das Gespräch mit dem großen Gott gab mir eine andere Perspektive auf das, was ich zurückgelassen hatte. Ich musste daran denken, dass selbst Jesus für das Gespräch mit Gott auf Berge gestiegen war. Mir fiel ein, dass er und drei seiner Jünger auf einem Berg (Matthäus 17,1-9) eine besondere göttliche Begegnung hatten. Gab es da Zusammenhänge? Hatte es sogar Jesus nötig, das Tal ab und zu einmal hinter sich zu lassen? Wenn schon er, der Sohn Gottes, wie viel mehr ich?

Einen Schritt zurücktreten

Wer hat sich nicht schon im Kleinkram des Alltags verloren? Wer stand nicht schon zumindest in der Gefahr, sich frustriert zurückzuziehen, weil ihm die Mühe um die kleinen Dinge letztlich vergeblich erschien?

In all meinen beruflichen Aufgaben, auch später, ist es regelmäßig geschehen, dass ich vor lauter Projekten, Anforderungen und Themen die große Linie aus den Augen verloren habe. Ich halte das inzwischen für völlig normal. Ich arbeite meine Mails ab – aber wozu? Ich besuche die Veranstaltungen, die ich organisiert habe oder die ich gewohnt bin – aber was ist das Ziel? Ich mache meine Sache ganz gut – aber ich fange an, mich zu fragen: „Was ist ‚gut'?" Dazu kommen Konflikte, die unglaublich viel Energie beanspruchen. Schließlich kommt es vor, dass Kritik an mir geübt wird.

Es ist eine tägliche Herausforderung, das große Bild vor Augen zu behalten. Wenn mich der Alltag überrollen will, ist es nötig, einen Schritt zurückzutreten und sich das Ganze aus einer anderen Perspektive anzusehen. Wenn man vor einer Mauer steht, die einem unüberwindlich vorkommt, kann man, wenn man wenige Schritte zurückgeht, unter Umständen entdecken, dass sie zwar hoch, aber nicht breit ist. Links und rechts kann man wunderbar drum herumgehen. Oder es steht eine Leiter in der Nähe bereit.

Auf einem Berg wird der Alltag plötzlich ganz klein und verliert seine Bedrohung. Und wenn man sich verirrt hat, hilft ein Blick auf die Karte, die ja nichts anderes ist als eine Vogelperspektive auf Papier.

Wir brauchen ab und zu das große Bild! Manche brauchen es mehr, andere weniger, das ist auch eine Typsache. Aber wir brauchen es alle. Wir wollen wissen, ob das Detail mit etwas zusammenhängt. Wir wollen, dass das Puzzlestück in ein großes Bild passt.

Mir gefällt die kleine Geschichte von den drei Arbeitern, die alle dieselbe Tätigkeit auf einer Baustelle ausführen: Sie behauen Steine. Der erste sagt, er haue Steine zurecht – und schaut dabei recht missmutig drein. Der zweite erklärt, er baue an einem Fenster – und wirkt schon zufriedener. Der dritte kann sich kaum halten vor Begeisterung, denn, so sagt er, er baue an einer Kathedrale.

Die Gesamtperspektive beflügelt, gibt Sinn und begeistert. Sie macht mich tüchtig für das kleine Detail, das ich täglich tun muss. Sie zeigt mir, dass ich nur einen kleinen Beitrag zu leisten habe; ich muss nicht alles tun. Dieser kleine Beitrag ist Teil von etwas Größerem.

Das große Ziel

Es war mir immer ein Rätsel, wie man an einen Gott glauben kann, der nur ein Gott „für mich" ist und nicht zugleich der Gott, der einen universalen Anspruch erhebt. Ein Gott, der diesen Namen auch verdient, muss alles umfassen. Ein Gott, nur „für mich", ein Gott als subjektive Wahrheit, das ist kein Gott, sondern ein Popanz. Als Popanz wird laut Wikipedia etwas bezeichnet, „was aufgrund vermeintlicher Bedeutung Wichtigkeit, Furcht, Einschüchterung oder Ähnliches hervorruft oder hervorrufen soll" oder eine Person, die „sich willenlos gebrauchen, alles mit sich machen lässt, zugleich aber den Eindruck von Macht und Selbstbestimmtheit zu erwecken versucht".

So kommt mir manche theologische Äußerung heute vor. Da wird noch von Gott und Jesus Christus gesprochen, da ist noch von Mission und Reich Gottes die Rede, aber am Ende wird er auf eine subjektive Wahrheit reduziert. Es werden noch religiöse, vielleicht sogar christlich klingende Worte gebraucht, aber letztlich muss Gott sich willenlos gebrauchen lassen. Dieser „Gott" darf nur sehr zahm daherkommen. Und was am Ende der Menschheitsgeschichte einmal sein wird, das bleibt offen.

Die Bibel zeichnet ein universales Bild der Geschichte, die Gott mit den Menschen schreibt. Dabei hatte er immer alle Völker im Blick. Er schuf den Kosmos und die Erde. Er schuf den Menschen in all seinen Ausprägungen. In den ersten elf Kapiteln der Bibel wird diese große Perspektive eröffnet. Erst danach beginnt Gott seine Geschichte mit Abraham und damit mit dem Volk Israel. Bevor er sich also dem Detail widmet, wird unterstrichen: Es geht um weit mehr. Der Gott der Bibel handelt niemals als Lokalgottheit, sondern als Gott für alle Völker. Und genau das zeigt sich auch in der Berufung Abrahams, denn sie endet mit der Zusage: „Alle Völker der Erde werden durch dich gesegnet werden" (1. Mose 12,3b; NLB).

Alles, was in der Folge geschieht, und sei es noch auf Israel beschränkt, hat das Ziel, alle Völker der Erde zu segnen. Das leuchtet immer wieder auch im Alten Testament auf, wie zum Beispiel hier: „HERR, alle Völker, die du gemacht hast, werden kommen und dich anbeten und deinen Namen preisen. Denn du bist groß und tust Wunder. Du allein bist Gott" (Psalm 86,9-10; NLB).

Jahrhunderte später, in Jesus, erfüllt sich der Segen an Abraham; auf ihn konzentrieren sich die Zusagen. Deswegen soll die Botschaft von Jesus „allen Völkern" verkündigt werden (Matthäus 28,16-20).

Diese Konzentration auf Jesus statt auf das Volk Israel hat in der Geschichte allerdings auch zu fatalen Folgen geführt. Die Juden wurden als verflucht und deswegen verfluchenswürdig angesehen. Aber das ist natürlich größter Unsinn. Wenn Jesus in der Mitte ist und die,

die ihm folgen, auf ihn hören, dann darf überhaupt niemand verflucht werden, aus welchen Gründen auch immer. Eine Konzentration auf Jesus kann niemals zu Judenhass oder verstecktem Antisemitismus führen. Nicht nur weil Jesus selbst Jude war, sondern weil er die Liebe zum Nächsten, sogar die Feindesliebe gepredigt und gelebt hat. Weil er die Maxime verkündete, am anderen so zu handeln, wie man selbst behandelt werden möchte.

Die Geschichte Israels soll bis heute bezeugen und dokumentieren, dass Gott treu ist und zu seinen Zusagen steht. Das festzuhalten ist außerordentlich wichtig. Denn nur, wenn Gott zu allen seinen Zusagen steht, können auch die „Heiden" hoffen, in Jesus Christus die rettende Gnade Gottes zu empfangen. Stünde er nicht zu seinen Zusagen an Israel, wie sollte man hoffen können, dass er zu seinen Versprechen an die Jesusfolger steht? Diese Logik entfaltet Paulus im Römerbrief. Sie ist grundlegend, wenn man die Bedeutung der Zusagen Gottes erfassen will. Und sie ist auch für die gesamte Theologie des Apostels grundlegend. Israel hat die Verheißungen von Gott bekommen (Römer 9,4) und Gott erfüllt sie. Die Verheißung ist der Weg der Erwählung, weswegen auch das Volk des neuen Bundes ein Volk der Verheißung ist und nicht der „Volkszugehörigkeit" (Römer 9,8). Gottes Zusage erweist sich als die tragende Kraft der gesamten Geschichte Gottes mit den Menschen. Sie ist nicht nur ein kleines Detail, sie ist das große Thema.

Im letzten Buch der Bibel wird die große Vision beschrieben: „Danach sah ich eine riesige Menschenmenge – viel zu groß, um sie zählen zu können – aus allen Nationen und Stämmen und Völkern und Sprachen vor dem Thron und vor dem Lamm stehen. (…) Und sie riefen laut: ‚Die Rettung kommt von unserem Gott, der auf dem Thron sitzt, und von dem Lamm!' " (Offenbarung 7,9-10; NLB). Und ganz am Schluss folgt die wohl tröstlichste Zusage in Hinblick auf das, was uns erwartet: „Er wird alle ihre Tränen abwischen, und es wird keinen Tod und keine Trauer und kein Weinen und keinen Schmerz mehr geben. Denn die erste Welt mit ihrem ganzen Unheil ist für immer vergangen" (Offenbarung 21,4; NLB).

Es wird alles erfüllt werden – das ist das große Bild. Diese Zusagen Gottes geben uns die Perspektive, die wir brauchen. Sie malen uns ein Zielbild, das eine große Kraft ausübt. Es wird uns ziehen.

Manche Christen gebrauchen die Offenbarung als detaillierten Verlaufsplan für die aktuellen Weltereignisse. Und ich kenne nicht wenige, die davon so genervt sind, dass sie dieses letzte Buch der Bibel gar nicht mehr zur Hand nehmen. Das ist fatal, denn die Offenbarung ist ein Buch der Ermutigung und des Trostes. Darin erfahren wir, dass Gott alles zu seinem Ziel bringt, und können ein ungefähres Bild davon erahnen. Es ist zumindest so scharf, dass wir daraus schließen können, dass es sehr, sehr bunt (alle Völker und Sprachen) und sehr, sehr gut (kein Schmerz und kein Geschrei) werden wird.

Diese Zusagen haben sich immer wieder in mein Leben gedrängt. Dadurch habe ich Kraft geschöpft. Sie sind das große Hintergrundbild, das große Bühnenbild, vor dem sich dann der Alltag abspielt, der dadurch seine manchmal einengende Kraft verliert. Sie wurden mein Leitmotiv. Ich stellte fest, dass ich ein großes Bild brauche, selbst wenn ich mich im Alltag mit nur ganz kleinen Teilen dieses großen Bildes beschäftige. Ich muss wissen, dass da etwas Größeres geschieht als nur mein kleines Einerlei.

Oder um es mit dem Motto zu sagen, das die Lausanner Bewegung seit 1989 prägt: „Das ganze Evangelium, der ganzen Welt, durch die ganze Gemeinde." Das ist eine großartige Perspektive, die viele Christen eint und motiviert. Und wenn man diese großartige Perspektive hat, dann gilt für den nächsten Moment: immer einen Schritt nach dem anderen tun.

Kapitel 12

Wirkungsvoll

Gottes Zusagen bringen viele kleine Veränderungen

Dass ich dieses Buch mit Leidenschaft schreibe, haben Sie sicherlich gemerkt. Auch wenn ich mir weitere und tiefere Veränderungen meines Lebens wünsche und mich nicht „zur Ruhe" setzen will, so kann ich sagen: Gottes Zusagen haben mein Leben geprägt. Von einigen, ganz konkreten Wirkungen möchte ich in diesem Kapitel erzählen:

Warum ich gelassener geworden bin – oder: Alle Zeit in Gottes Hand

Wenn Leute mich fragen: „Alles klar?", dann kontere ich, wenn es die Zeit und Situation erlauben, gerne mit folgender Antwort: „Es ist zwar nicht alles klar, weil es diesen Zustand auf dieser Welt nicht gibt, aber es ist immerhin so viel klar, dass es mir gut geht. Danke der Nachfrage." Ich gebe zu, das ist ein wenig penetrant, und weil ich niemandem auf den Wecker gehen will, entscheide ich mich manchmal auch nur für die Kurzversion und sage einfach „Ja" oder „Na ja".

Ich stelle erfreut fest, dass ich gelassener geworden bin. Der Grund dafür ist nicht der, dass ich keine Sorgen hätte. Ich habe Stress im Beruf, wobei ich Stress mag, weil er Ausdruck von Lebendigkeit ist. Aber manchmal ist es auch etwas zu lebendig. Vielleicht geht es Ihnen ähnlich, dass Sie eine Sache erledigen, aber schon sind drei dazugekommen. Doch es geht nicht nur um „zu viel zu tun". Es geht auch darum, was zu tun ist. Konflikte zum Beispiel sind für mich belastend.

Das Leben und jede Verantwortung bestehen jedoch nun mal auch aus Konflikten. Dazu kommt: Ich leide darunter, dass heute, an diesem Tag, Hunderte Millionen von Menschen ein Einkommen haben, mit dem sie kaum leben können. Jeder Störfaktor wie Krankheit oder Unfall katapultiert sie in eine nicht zu bewältigende Notlage. Es gibt also genügend Gründe für Aufregung. Und wenn Sie bedenken, dass ich mich gerne für alles verantwortlich fühle, dann ahnen Sie, dass darin das Potenzial für einen Burn-out liegt.

Der Grund dafür, dass es mir häufig dennoch gut geht, liegt darin, dass ich in der Wirklichkeit der Zusagen Gottes lebe. Einige dieser Zusagen machen deutlich, dass Gott alle Zeiten umfasst. „Ich bin das Alpha und das Omega, spricht der Herr, Gott, der ist und der war und der da kommt, der Allmächtige" (Offenbarung 1,8). „Jesus Christus ist derselbe gestern und heute und in Ewigkeit" (Hebräer 13,8). Das ist eine Perspektive, die mich einbettet in Gottes große Weltsicht. Mein kleines Leben ist wie ein Mosaikstein in seinem großen Bild. Meine kleine Lebenszeit ist eingebettet in die Zeiten, die Gott gehören. Und das ist der Grund, weswegen David ganz in diesem Sinne betet: „In deiner Hand sind meine Zeiten!" (Psalm 31,16). Deswegen geht es mir gut, auch wenn nicht alles klar ist.

Paul Gauguin (1848–1903) war ein französischer Maler, Wegbereiter des Expressionismus und für viele Menschen damals wie auch heute eine verstörende Persönlichkeit. Ein Mann, der die bürgerlichen Gleise verließ, um auf Nebenstrecken seinen eigenen Weg zu suchen. Bekannt ist er den meisten Kunstinteressierten wahrscheinlich durch seine Bilder von halbnackten Südseeschönheiten. Aber sein Werk umfasst eine große Fülle von Themen. Ich bin fasziniert von einem Bild, das am Ende seines Lebens entstand, ein riesiges und eindrucksvolles Gemälde mit dem Titel: „Woher kommen wir? Wer sind wir? Wohin gehen wir?" Erschütternd ist, dass Gauguin auf diese drei Fragen letztlich keine Antworten hatte. Gleichzeitig finde ich es beeindruckend, und das gerät meist in Vergessenheit, dass er es wagte, diese erschütternde Realität auszusprechen. Er hatte Gott und letzte Antworten komplett verloren. Und er formulierte und malte, was sich damals keiner traute, ehrlich festzustellen. Für Gauguin war der Mensch ein Wesen voller Rätsel.

Es war im 19. Jahrhundert hart und bewundernswert, diese drei Fragen unbeantwortet stehen zu lassen und ihnen dann ein solches Bild zu widmen. Und es ist bis heute mutig, sich dieser Realität zu stellen. Aber ist es auch nötig? Und wohin führt das? Bei Gauguin zu einem zerrütteten Leben. Kurz nach der Fertigstellung des Bildes versuchte er, sich das Leben zu nehmen.

In einem Sommerurlaub im Süden Frankreichs habe ich die bewegende, teils fiktive, teils biografische Erzählung von Mario Vargas Llosa über Gauguin gelesen.[32] Als ich das Buch schloss, war ich aufgewühlt. Ich ging spazieren. Gauguins Leben und speziell dieser Bildtitel gingen mir nach. Wissen wir nicht, woher wir kommen? Wissen wir nicht, wer wir sind? Ist es völlig unklar, wohin wir gehen? Menschen können es nicht wissen. Woher sollten sie es auch wissen? Als ich mit Gott darüber sprach, wurde mir klar, dass solche Fragen nur beantwortet werden können, wenn er es tut. Ohne langes Grübeln konnte ich sagen, woher ich komme, nämlich von Gott. Ich bin ein Teil seiner Schöpfung. Ich weiß, wohin ich gehe, nämlich in seine ewige Welt, ohne Tränen und Geschrei. Und ich weiß, dass ich ihm heute gehöre, dass er jetzt und in jedem Moment mit mir ist. Ich bin vor allem eins: sein Eigentum! Meine Zeiten, Vergangenheit, Gegenwart, Zukunft, alles ist in Gottes Hand.

Ich erinnere mich an diesen Spaziergang in der Mittagssonne, an den Klang der zirpenden Zikaden im Ohr und vor allem an das Gefühl, dass ich der glücklichste Mensch auf der Erde bin, weil nicht ich, sondern Gott diese drei Fragen für mich beantwortet hat.

Doch wie geht man damit um, wenn diese Fragen unbeantwortet bleiben? Es muss nicht enden wie bei Gauguin, ganz klar. Aber ich finde es verständlich, wenn man zunächst einen kleinen Panikanfall bekommt. Wenn man sich dann an das Nichtwissen gewöhnt hat, zuckt man vielleicht mit den Achseln und sagt: „Na dann – genießen wir das Leben eben ein wenig." Ich würde mich wahrscheinlich zu einem zynischen Menschen entwickeln. Aber ist das erstrebenswert?

Das Gebet aus Psalm 31 ist Ausdruck des tiefsten Vertrauens. „Ich sage: Du bist mein Gott! In deiner Hand sind meine Zeiten." Wer so beten kann, der wird gelassen. Wer das glauben kann, der hat die besten Voraussetzungen dafür, ein glücklicher Mensch zu werden.

Warum ich mutiger geworden bin – oder: Angsthasen willkommen

Wer keine Angst kennt, braucht keinen Mut, um diese zu überwinden. Oder andersherum gesagt: Mut ist nicht die Abwesenheit von Angst, sondern deren Überwindung. So weit, so theoretisch. Nun die Praxis.

Ich habe Respekt vor Wasser. Wasser hat eine nicht berechenbare Kraft. Es ist nicht mein Element, obwohl ich gerne mal in einem See schwimmen gehe und vor langer Zeit auch mal einen Segelschein gemacht habe. Außerdem habe ich Höhenangst. Mir wird bei freiem Blick in große Tiefen schnell schwindelig. Auf den Aussichtsplattformen hoher Türme kann mich Angst überfallen, vor allem wenn zu viele Menschen darauf stehen.

Wenn sich Wasser und Höhe zusammentun und sich gegen mich verschwören, wird es schwierig für mich. Das ist der Grund, weswegen ich noch nie von einem 10-Meter-Brett gesprungen bin. Sieben Meter habe ich einmal geschafft. Dazu musste ich allerdings sämtliche Angst überwinden und alle Kraft zusammenraffen, die ich noch irgendwo in den Knochen hatte. Ich vermute, ich wollte auch irgendjemandem imponieren. Das spornt ja an.

Unvergesslich ist eine Wanderung durch ein Wadi auf den Golanhöhen in Israel. Mit einem Freund wanderte ich durch ein Bachbett, das mehr oder weniger voll mit Wasser war. An einer Stelle verengte sich das Tal und das Wasser fiel zehn Meter in die Tiefe. Waren es wirklich zehn Meter? Ich vermute nicht, aber gefühlt waren es fünfzehn Meter, in der Realität wahrscheinlich sieben, also sagen wir zehn. Es gab nur zwei Möglichkeiten: entweder mithilfe einer nicht sehr vertrauenerweckenden Strickleiter den nassen Felsen herunterzuklettern oder direkt ins Wasser zu springen. Unten wartete ein Bassin, dessen Grund ich nicht sehen konnte. Es galt, die richtige Stelle zu treffen, an der es tief genug war. Wahnsinn.

Mein Freund fand das Ganze abenteuerlich. Er hatte seinen Spaß, sprang, tauchte ins Wasser, tauchte wieder auf und hatte immer noch Spaß. Schön für ihn. Ich stand da und hatte keinen Spaß. Die Strickleiter machte keinen vertrauenerweckenden Eindruck und ich fand es riskanter, sie zu benutzen, als zu springen. Da stand ich also oben auf dem Fels und sah hinunter. Je länger ich dort stand, desto höher schien der Sprung zu werden.

Peinlich wurde es, als diverse Wandergruppen die Stelle passierten und alle, ob alte Männer oder junge Frauen, sich mit mehr oder weniger lautem Gekreische und guter Stimmung in die Tiefe stürzten. Alle tauchten wieder auf. Ich stand immer noch oben.

Nun hatte ich schon genug Leute springen, eintauchen, wieder auftauchen und weiter ihres Weges ziehen gesehen. Mein Verstand sagte mir daher, dass es bei mir auch unfallfrei klappen müsste. Aber wie konnte ich mich dennoch überwinden? Ich wandte schließlich einen Trick an. Ich schaute mir das liebliche Tal mit dem dahinplätschernden Wasser an, aus dem ich gekommen war. Ich wusste nämlich, je länger ich in die Tiefe blicke, desto unüberwindlicher wird es für mich. Nachdem ich eine Weile nach hinten geschaut hatte, drehte ich mich plötzlich um und sprang einfach los. Mein Gehirn blieb dabei ausgeschaltet.

Der Flug war einmalig. Die Landung weich. Das Wasser tief genug. Es war fantastisch. Ich hatte so viel Spaß an der Sache, dass ich mich aus dem Wasser sofort zur Strickleiter begab, hochkletterte (war ich verrückt?) und ein zweites Mal sprang. Ich wollte den Spaß noch einmal erleben und ich wollte mir die Erfahrung einprägen, dass ich es überleben konnte.

Viele der anderen Wanderer hatten sich gar keine Gedanken über eventuell vorstehende Felsen gemacht, auf denen man landen könnte und die zu einer Verletzung führen würden, vielleicht sogar zu einer Querschnittslähmung. Sie waren allerdings nicht mutig, sondern in meinen Augen leichtsinnig. Es gab Leute, denen machten Höhe und Wasser nichts aus, die mussten beim Sprung keinen Mut beweisen. Sie sprangen da herunter, so wie ich auf die Straße vor unserem Haus gehe – und das ist eine verkehrsberuhigte Zone!

Mut, den musste ich beweisen. Mut müssen alle Menschen beweisen, die Angst kennen. Angst ist eine wichtige Überlebensfunktion. Sie sagt uns, dass etwas gefährlich werden könnte. Ein Mensch ohne Angst macht mir Angst. Aber es ist auch unzweifelhaft, dass Angst lähmen, die Lebensqualität beeinträchtigen und uns von den wichtigen Aufgaben des Lebens abhalten kann. Und dass Angst unbegründet sein kann. Deswegen brauchen wir Mut. Aber woher kommt Mut?

Ich würde mich insgesamt als nicht besonders mutig beschreiben. Einem Bungeeseil traue ich nicht. Menschen machen mir tendenziell Angst, weil ich mir darüber Gedanken mache, wie sie mich beurteilen. Und der Wunsch, von anderen anerkannt zu werden, war immer ein viel zu großer Bestandteil meines Lebens und ist es zum Teil bis heute. Als Kind sah ich immer auf andere, die waghalsiger waren als ich. Und ich habe gelernt, eher die Gefahren zu sehen als die Möglichkeiten.

Was macht mir Mut? Woher kommt Mut? Es ist eine Zusage Gottes, die für viele Menschen zu einer großen Hilfe geworden ist. „Gott hat uns nicht einen Geist der Furcht gegeben, sondern einen Geist der Kraft, der Liebe und der Besonnenheit“ (2. Timotheus 1,7).

In welchem Zusammenhang steht diese Verheißung? Paulus hatte den jungen Timotheus geistlich herangezogen. In Lystra, im Süden Galatiens (der heutigen Zentraltürkei) aufgewachsen, kam er auf der ersten Missionsreise des Paulus zum Glauben an Jesus. Der Apostel sah in ihm bald schon einen erstklassigen Mitarbeiter und übertrug ihm deswegen viel Verantwortung. Timotheus war einer der Top-Leute der ersten missionarischen Ausbreitung der Gemeinden. Er war Mitverfasser des Thessalonicherbriefes und Mitabsender des zweiten Briefes an die Korinther sowie der Briefe an die Philipper und an Philemon. In die zerstritte Gemeinde nach Korinth wurde er gesandt, um zu vermitteln und die Gemeinde auf Spur zu bringen. Ein Mann für heikle Missionen. Und nun arbeitete er dort im ägäischen Mittelmeerraum allein auf weiter Flur.

Dem Timotheusbrief ist zu entnehmen, dass er sich der Botschaft von Jesus schämte, denn sie war im gesellschaftlichen Diskurs durchaus nicht anerkannt. Im Gegenteil. Ein gekreuzigter Gottessohn als Heil für die Welt, das war im griechischen Götterhimmel nicht gerade konkurrenzfähig. Er hatte Scheu vor den manchmal dominant auftretenden älteren Geschwistern in der Gemeinde. Weil ständig neue Ideen und Lehren das Gemeindeleben torpedierten, hatte er grundlegende inhaltliche Auseinandersetzungen zu führen. Er stand in der Gefahr, die Lehre zu verlassen, die ihm anvertraut war. Ja, es war nicht ausgeschlossen, dass er sich von Paulus distanzieren wollte, weil dieser im Gefängnis saß. Diesem Timotheus musste Paulus dringend schreiben und ihm das sagen, was er für seinen Dienst brauchte: „Gott hat seinen Geist ausgegossen über dich, Timotheus. Dieser Geist ist ein Geist nicht der Furcht, sondern ein Geist des Mutes, und das in dreifacher Ausprägung: Kraft, Liebe und Besonnenheit. Kraft ist eine Form von Mut. Liebe ist eine Form von Mut. Besonnenheit auch. All das brauchst du und all das gibt Gott dir, ja, hat er dir bereits gegeben. Dieser Geist gibt dir den Mut, all deine Angst zu überwinden. Kraft ist Mut für große Hindernisse und Aufgaben. Liebe ist Mut für den Feind und für Beziehungen. Besonnenheit ist Mut ohne Leichtsinnigkeit."

Timotheus brauchte die Erinnerung daran. Er brauchte Mut, um seinen Dienst tun zu können. Er brauchte keine Pseudostärke, sondern wahre Stärke. Pseudostärke gibt es genug. Man sieht sie an den vielen Leuten, die groß auftreten, aber nur, um ihr schwaches Selbstwertgefühl zu übertünchen. Das ist nicht stark, sondern nur stark gespielt. Der wirklich Starke kann auf starke Gesten und Worte verzichten. Er ist aber auch frei, sie zu gebrauchen, wenn es angezeigt ist.

Diese Zusage aus dem alten Brief, die wir bis heute in der Bibel lesen können, ist zunächst Timotheus gegeben (er war der erste Adressat). In zweiter Linie ist sie, weil der Brief zum Kanon gerechnet wurde, der Gemeinde Jesu gegeben. Ich sehe darin ein Wort, das allen gilt, die Christus gehören und den Heiligen Geist haben.

Mit 28 Jahren wurde ich Pastor meiner ersten Gemeinde. Meine Konflikte und Ängste dürften nicht annähernd die gewesen sein, die Timotheus erlebt hat, denn ich arbeitete in einer etablierten Gemeinde, hatte wunderbare Mitarbeiter und man war mir wohlgesonnen. Trotzdem hatte ich Sorge und Angst zu versagen. Wie sehr half mir diese Zusage! Ich habe Gottes Geist, und es ist dieser Geist, der mir die Kraft gibt, die ich brauche, die Liebe und die Besonnenheit, die nötig sind.

Bei jeder neuen Aufgabe, die ich in meinem Leben angegangen bin, hat mich das Gefühl überfallen, es könnte auch alles schiefgehen. Was dann? Immer hat mich diese Zusage aus dem Strudel gerissen und mich auf festen Grund gestellt.

Als ich Verantwortung für viele Mitarbeiter bekam, änderte sich einiges. Ich spürte, dass Mut für das Miteinander von entscheidender Bedeutung sein würde. Aus fast allen Mündern und überall hörte ich, dass die Mitarbeiter Ermutigung bräuchten. Am Anfang dachte ich, Ermutigung bestünde darin, Sätze zu sagen, die Mut zusprechen. Das ist nicht falsch, aber nur ein kleiner Teil. Zur Ermutigung gehört eine ganze Kultur, die entwickelt und gepflegt werden muss. Es braucht Rahmenbedingungen, die verlässlich sind (sofern das machbar ist), einen respektvollen Umgang. Vor allem braucht es Mut (als Kraft, Liebe und Besonnenheit) bei den Beteiligten, angefangen bei den Leitern. Diese Art von Mut gibt Freiheit. Freiheit wiederum gibt Würde und Respekt. Mut führt zur Aufrichtigkeit. Das ist eine Kultur, in der sich Mitarbeiter entwickeln, sich gerne engagieren und mutig Neues wagen. Ich hasse es, von Mitarbeitermotivation oder -ermutigung zu sprechen, wenn das einzige Ziel ist, dass sich die Mitarbeiter dann umso mehr engagieren. Denn so gehe ich letztlich nicht respektvoll mit ihnen um. Sie sollen ja nur meinen Zwecken dienen. Das ist unmenschlich und Manipulation.

Wir Deutsche brauchen Ermutigung, denn wir ziehen uns tendenziell eher gegenseitig herunter. Ich habe gelernt, dass ich selbst Mut brauche, um meiner Verantwortung gerecht zu werden.

Ich sagte, dass ich mich nicht als besonders mutig beschreiben würde. Aber ich habe gelernt, ein wenig mutiger zu sein, weil ich immer wieder erfahren habe, dass Gott mir hilft und mir Mut schenkt.

Warum ich stärker geworden bin – oder: ein Fels in der Brandung

Es gibt Leute, die man als „Fels in der Brandung" empfindet. Es sind Leute, die sich enormen Widerständen oder sogar Anfeindungen nicht beugen. Menschen, die ihre Meinung nicht schnell ändern, wenn es ungemütlich werden könnte. Männer und Frauen, die ruhig den Kurs halten, wenn andere die Orientierung verlieren. So etwas bewundern wir. Wenn solche Leute dann auch noch die Beweglichkeit mitbringen, sich immer wieder auf neue Situationen einzustellen, wenn ihre Stärke andere nicht erdrückt, wenn sie ihre Meinung ändern können, weil es neue, bessere Argumente gibt, dann sind das wirklich starke Persönlichkeiten. Sie sind nicht stur, sondern stark. Sie reiten keine Prinzipien, sondern sie haben welche. Sie haben Orientierung und sind nicht festgefahren.

Ich bin immer wieder solchen starken Leuten begegnet. Es waren meist leitungsbegabte Menschen. Ich glaube, dass unsere Gesellschaft solche Leute dringend braucht. Ich habe oft genug empfunden, dass ich eigentlich nicht so bin. Aber ich wollte mich entwickeln, wollte stark werden. Deshalb habe ich mich an Jesaja 26,3-4 orientiert: „Wer festen Herzens ist, dem bewahrst du Frieden, denn er verlässt sich auf dich. Darum verlasst euch auf den HERRN immerdar; denn Gott der HERR ist ein Fels ewiglich." Wer sich auf Gott verlässt, der bekommt ein festes Herz, man könnte auch übersetzen, der wird „ein festes Gebilde". Eine weitere Zusage Gottes, inklusive Bedingung, wie das geübte Auge schnell erkennt.

In welchem Zusammenhang wurde diese Verheißung gegeben? Die Israeliten hatten sich in einen ganz schönen Schlamassel manövriert. Sie hatten sich einerseits von Gott abgewandt. Er spielte in ihrem Leben keine entscheidende Rolle mehr. Es gab noch die üblichen

Gottesdienste im Tempel, aber der Alltag sprach eine andere Sprache. Man verließ sich auf seine Stärke, es wurde betrogen, wo es nur ging, und der Schwache ausgenutzt. In den politischen und militärischen Auseinandersetzungen setzte Israel mal auf den einen Partner, mal auf einen anderen – aber immer auf militärische Stärke, nicht auf Gott. Wankelmütige Führer, gottvergessene Menschen, ein unsicheres Volk. Der Prophet Jesaja brachte Gottes Botschaft auf den Punkt: „Verlasst euch auf den HERRN. Immer! Denn er ist ein Fels. Ein ewiger Fels. Nicht ihr müsst stark werden. Ihr sollt nur dem vertrauen, der stark ist. Er ist der Fels in der Brandung. Wenn ihr das tut, dann wird sich das als Langzeiteffekt auch auf euch übertragen, ihr werdet selbst fest werden, stark."

Diese Verheißung kann man auch heute annehmen. Ich nehme sie. Ich brauche nicht stark zu werden, ich brauche mich nur an Gott zu wenden. Ich vertraue ihm, der stark ist. Es ist sogar so, dass meine Schwäche eine perfekte Voraussetzung ist, um seine Kraft zu erfahren. Denn fühle ich mich stark, gehe ich meine eigenen Wege. Fühle ich mich aber schwach, steigt die Wahrscheinlichkeit, dass ich mich an ihn wende.

Deswegen sagte Gott zu Paulus: „Meine Kraft kommt in Schwachheit zur Vollendung" (2. Korinther 12,9). Und Paulus führte daran anknüpfend aus: „Wenn ich schwach bin, dann bin ich stark" (2. Korinther 12,10). Das klingt zunächst paradox, ist aber logisch, wenn man es genau betrachtet.

Meine Schwachheit ist der Ort, an dem Gottes Stärke besonders wirken kann. Wo ich nicht weiterweiß, tritt Gott ganz besonders auf den Plan. Allen, die sich auf ihre vermeintliche Stärke berufen, sei das gesagt. Und allen, die sich schwach fühlen, sei es ebenfalls gesagt.

Bin ich über die Jahre stärker geworden? Habe ich ein festeres Herz? Ja, bestimmt. Aber es ist nicht fest in sich, sondern fest in der Festigkeit Gottes. Ich bin nicht stark in mir selbst, sondern in der Stärke Gottes. Ich stehe fest nur dann, wenn ich auf dem Felsen stehe. Dieser Fels hat einen Namen: Jesus Christus.

Warum ich bete – oder: Schwächlinge willkommen

Ich bete nicht, weil mein Leben eine Anhäufung von Gebetserhörungen ist. Ich bete aus vielen Gründen. Ein paar will ich nennen.

Zum einen bete ich aus Gewohnheit. Ich habe es gelernt. Ich habe es beibehalten. Ich habe mich daran gewöhnt. Das ist nicht immer gut, weil so auch eine langweilige Routine daraus werden kann. Aber es ist deswegen gut, weil es einfach zu meinem Leben dazugehört. Ich spreche auch mit meiner Frau aus Gewohnheit. Wir haben uns im Laufe der Jahre aneinander gewöhnt. Ich muss mich nicht jeden Morgen neu fragen, ob ich mit ihr sprechen will. Natürlich tue ich das. In Gewohnheiten wohnt man. Ich wohne gut darin.

Dann bete ich aber auch, um mein Herz bei Gott auszuschütten. In Psalm 62,9 steht. „Schüttet euer Herz vor ihm aus ..." Es ist ein Gebet, das mich erleichtert und Wunder bewirkt. So, wie man manchmal eine volle Tasche einfach ausschütten muss, damit ein gesuchter Gegenstand zutage tritt, können Menschen alles, was sie auf dem Herzen oder im Herzen tragen, ausschütten vor Gott. Wenn man einmal damit anfängt, kommt manches zum Vorschein, womit man selbst nicht gerechnet hat. Die verrücktesten Gedanken, die größte Schuld und auch die kleinsten Verirrungen oder die schlimmsten Verletzungen. Gut ist, dass Gott sich davon nicht irritieren lässt. Er wusste ja schon vorher davon. Aber ich, ich werde frei. Ich schütte es aus vor ihm.

Außerdem bete ich, einfach um ihn anzubeten, um seiner selbst willen. Ich will also nicht unbedingt etwas erreichen oder etwas loswerden, sondern ihn einfach anbeten. Ich gehöre Gott und will mir regelmäßig klarmachen: *Er* ist Gott und ich bin ein Mensch. Das soll und das darf so bleiben. Wenn ich ihn anbete, dann verneige ich mich vor ihm. Ich gehe auf die Knie, ich werfe mich nieder. Manchmal mache ich das wortwörtlich, manchmal nur innerlich. Ich sage mit eigenen Worten oder den Gebeten der Bibel oder anderer Menschen, wer Gott ist, und lobe ihn.

Es gibt noch viele andere Gründe und Formen zu beten. Beten, so sagt man allgemein, ist eine universale Form, wie ein Mensch mit Gott oder einer höheren Macht oder was auch immer in Kontakt tritt. Christliches Gebet geschieht in erster Linie im Namen und auf der Grundlage der Zusagen von Jesus Christus.

Im Namen Jesu zu beten heißt, dass ich nicht mit meinem Namen vor Gott auftrete und sage: „Hier bin ich, Ansgar, und in meinem Namen und in meiner Autorität bete ich jetzt!", sondern dass ich sage: „Hier bin ich, Ansgar, aber ich bete im Namen von Jesus Christus. Ich bete in der Hoffnung und festen Erwartung, dass du mir antwortest, weil du auf die Tat, das Opfer und das Gebet von Jesus Christus siehst. Ich bin klein und nicht würdig, dass du mich hörst. Aber im Namen Jesu wage ich es doch, jetzt zu beten, denn durch ihn bin ich würdig gemacht."

So wie ein Botschafter „im Namen" seines Landes auftritt, so bete ich „im Namen" von Jesus Christus. Dazu ist es nicht zwingend nötig, diese Worte als Formel zu benutzen. Aber es ist gut, sich das immer wieder bewusst zu machen.

Das heißt dann eben auch, dass ich nicht bete, weil ich stark, fromm, zuvorkommend oder sonst etwas bin. Im Gegenteil. Ich bete im Namen Jesu, weil er meine Stärke, mein Heil, mein Leben ist.

Und ich bete auf der Grundlage der Zusagen von Jesus Christus. Das ist der entscheidende Grund, weswegen ich immer noch bete. Ich sagte schon: Es sind nicht die erhörten Gebete, die mich immer wieder ins Gespräch mit Gott führen. Es gibt nämlich eine Menge Gebete in meinem Leben, die Gott nicht erfüllt hat. Manche wenden ein und sagen, ich sähe das falsch. Sie seien nur *noch* nicht erfüllt. Oder sie seien *anders* erfüllt. Das mag stimmen. Aber ich habe eine gewisse Skepsis, wenn solche Sätze zu früh gesagt werden. Sie sehen so aus, als müsse man Gott verteidigen. Sie erwecken den Eindruck, als müsse im Glauben eben doch alles glatt aufgehen (siehe Kapitel 10). Aber auch beim Gebet gibt es Situationen, die nicht glatt aufgehen. Wie anders ist es zu erklären, dass es in Psalm 13,2 heißt: „Bis wann, HERR? Willst du mich vergessen immerdar? Bis wann willst du dein Angesicht vor mir verbergen?" (Psalm 13,2).

Der Grund, warum ich Gott um Dinge bitte, ist, dass er mich dazu auffordert und mir seine Zusage zum Gebet gibt. Ohne seine Aufforderung würde ich es für wesentlich logischer halten, die Dinge einfach hinzunehmen, wie sie sind, und das Beste daraus zu machen. Dass es einen Gott gibt, der in die Geschichte eingreift, ist schwer vorstellbar. Dass Gott ausgerechnet mein Gebet zum Anlass nehmen sollte, etwas zu tun oder nicht zu tun, ist streng genommen kaum zu denken. Dass ich durch mein Gebet den Lauf der Dinge beeinflussen kann, ist für mich persönlich extrem schwer anzunehmen. Es liegt nach meinem Gefühl etwas Dreistes, Egomanisches darin.

Doch Gott fordert mich in seinem Wort zum Beten auf und belegt das mit einer Zusage. Seine Zusagen sind die Grundlage, die Motivation und der Raum, in den ich trete, um zu beten. Da steht zum Beispiel: „Wer zu diesem Berg sagt: Hebe dich empor und wirf dich ins Meer! und nicht zweifeln wird in seinem Herzen, sondern glauben, dass geschieht, was er sagt, dem wird es werden. Darum sage ich euch: Alles, um was ihr auch betet und bittet, glaubt, dass ihr es empfangen habt, und es wird euch werden“ (Markus 11,23-24).

Wie gehe ich in der Praxis mit so einer Verheißung um? Also, das mit den Bergen, das ist so eine Sache. Hat das schon mal jemand wortwörtlich gesehen, dass ein Berg versetzt wurde? (Ich vermute nicht. Ich nehme aber entsprechende Berichte gerne entgegen.) Der Satz wurde immer im übertragenen Sinne verstanden. Außerdem ist fraglich, ob der Schöpfer daran interessiert ist, Berge von hier nach dort zu schieben, und deswegen sollte man etwas vorsichtig sein, dies zu erbitten. Schließlich würde es zu endlosen Schiebereien von Bergen kommen, weil einmal dem einen der Berg im Weg steht, dann aber dem nächsten usw. usf. Rabbiner, die sehr schwere Texte aus dem Alten Testament gut auszulegen vermochten, galten als Menschen, die in der Lage waren, Berge zu versetzen. Und wir benutzen diese Phrase bis heute für „große Aufgaben“ oder „riesige Arbeitsberge“.

Was bleibt dann aber von dem Vers übrig? Es bleibt eine unermesslich große Zusage, dass Gott uns geben wird, was wir im Glauben erbitten. Das ist der Grund, warum ich noch bete.

Ein weiterer findet sich in diesem Vers: „Lasst uns deshalb zuversichtlich vor den Thron unseres gnädigen Gottes treten. Dort werden wir Barmherzigkeit empfangen und Gnade finden, die uns helfen wird, wenn wir sie brauchen" (Hebräer 4,16; NLB). Durch Jesus ist es jederzeit möglich, zu Gott zu kommen. Der Hebräerbrief gebraucht hier die Begrifflichkeit und den Hintergrund des alttestamentlichen Gottesdienstes. Die Zusage steht fest: Gott wird mir mit Barmherzigkeit sein Gehör schenken. Ich werfe mein Vertrauen auf ihn.

In einem Geschenkeladen fand ich eine kleine Zettelbox, schön verziert, auf der auf der Innenseite des Deckels folgender Spruch zu lesen war:

When your heart starts to worry and your mind just can't rest,
put your prayers down on paper and let God do the rest.
(Wenn dein Herz anfängt, sich Sorgen zu machen,
und deine Gedanken nicht zur Ruhe kommen,
schreib deine Gebete auf und überlass Gott den Rest.)

Diesen simplen Zweizeiler habe ich mir gemerkt und habe angefangen, meine Gebete und Sorgen aufzuschreiben, zu beten und dann zu beobachten, was geschieht. Manche Gebete sind erhört worden, auf andere warte ich noch, wieder andere verstehe ich nicht.

Manchmal bete ich um etwas und nehme dann die Bibel in die Hand und sage zu Gott. „Hier, hier steht es. Ich habe das nicht erfunden. Du hast gesagt, ich solle beten. Ich käme nicht auf die Idee, so dreist zu sein und dich zu bitten. Aber mit dieser Zusage von dir selbst bete ich. Ich will glauben, nicht zweifeln. Du handelst. Bitte, nun lass mich deine Taten sehen. Amen!"

Aber gibt es Beispiele, an denen deutlich erkennbar ist, dass Gott das Gebet auch erhört hat? Ja. Ich trage zum Beispiel eine Mitverantwortung in verschiedenen Organisationen, die von Spendengeldern abhängig sind. Ich habe es erlebt, dass Gott auf unsere Gebete antwortet und Menschen befähigt und willens macht, ihr Geld gerne zu geben. Jemand, der meinen Glauben nicht teilt, mag sagen, das sei

Zufall. Für ihn mag es so aussehen. Ich erkenne jedoch Gottes Wirken, ja, auch seine Wunder darin. Vor allem dann, wenn ich meine Schwachheit intensiv empfinde, erlebe ich Gottes Wirken und seine Antworten auf meine Gebete.

Von einer ganz persönlichen, ganz einfachen Erhörung meines Gebets will ich jetzt erzählen. Eine meiner Tanten, mit der ich besonders eng verbunden war, erkrankte ganz plötzlich so stark, dass die Ärzte ihr keine Überlebenschance mehr gaben. Als sie die Diagnose erhielt, war sie nicht im heimatlichen Münsterland, sondern in Berlin, wo sie die Familie ihres Sohnes über Weihnachten besuchte. Sie war medizinisch und menschlich gut umsorgt. Als ich merkte, dass ich selbst einen Termin in Berlin wahrzunehmen hatte, wuchs in mir der Gedanke, sie doch vielleicht noch besuchen zu können. Ich telefonierte mit den Angehörigen in Berlin und sie erklärten mir, dass sie jederzeit, stündlich sterben könne. Alle Maschinen waren ausgestellt worden, es ging jetzt nur noch darum, dass sie sich nicht zu sehr während der letzten Zeit quälte.

Am kommenden Tag wollte ich reisen. Ob sie die Nacht überleben würde, war ungewiss. Ich betete, dass Gott jetzt das Timing und die Regie übernähme, denn ich konnte es auf keinen Fall, das war offensichtlich. So legte ich mich schlafen. Und Gott erhörte mein Gebet und fügte jeden einzelnen Moment. Ich wachte am Morgen ohne Wecker um 5.30 Uhr auf und realisierte, dass ich einen Zug nach Berlin, der um 6.35 Uhr abfuhr, gut erreichen würde. Also stand ich auf, machte mich auf den Weg. Eine Benachrichtigung per SMS oder Telefon, dass die Tante inzwischen gestorben sei, gab es nicht. Pünktlich um 10.30 Uhr erreichte ich Berlin und schlug mich dann mit S-Bahn und U-Bahn so weit wie möglich in Richtung Krankenhaus durch. Doch die Buslinie, die mich eigentlich zum Krankenhaus hätte bringen können, existierte seit einer guten Woche nicht mehr. Es fing an zu regnen. Ich trampte. Das ist in Berlin innerstädtisch äußerst unüblich. Der fünfzehnte vorbeifahrende Wagen war jedoch ein Apothekentransporter des Krankenhauses, zu dem ich wollte. Ich winkte, der Fahrer hielt an, nahm mich mit und fuhr mich direkt zur Klinik.

Um 11.30 Uhr betrat ich das Krankenzimmer. Mein Cousin und zwei Kinder meiner Cousine waren im Zimmer der Tante, die schwer atmend ohne Bewusstsein dort lag. Nach der Begrüßung saßen wir dort. Manchmal schwiegen wir, manchmal unterhielten wir uns, über uns, über die Tante, über andere Verwandte. Meine Cousine und ihre Schwägerin kamen noch dazu; sie waren kurz zu Hause gewesen. Es war eine ganz natürliche Atmosphäre. Wir unterhielten uns auch über das, was wohl nach dem Tod kommt. Ich erzählte, dass Jesus einmal gesagt hat, dass die, die an ihn glauben, leben werden, auch wenn sie sterben. Ich sagte, dass man gewiss sagen könne: Wer Jesus Christus gehört, der gehört ihm auch im Tod. Durch den Glauben sind wir in der Hand Gottes, im Leben und im Sterben.

Meine Cousine meinte darauf: Ja, der Glaube sei der Tante immer wichtig gewesen, darin habe sie, neben ihrer Familie, ihren Halt gehabt. Und sie erzählte, dass sie tags zuvor einmal alle das Krankenhaus verlassen hatten und nach Hause gegangen waren. Sie hatten gedacht, dass meine Tante vielleicht in einer Zeit, wo keiner da war, sterben wollte. Man hörte manchmal solche Berichte. Aber es war noch nicht so weit gewesen.

Nach einer knappen Stunde wollte ich in einem Bistro zu Mittag essen und einen Kaffee trinken, um danach noch einmal ins Zimmer zu kommen. Als ich gegessen hatte und mich auf den Rückweg machen wollte, rief mich mein Cousin aus dem Krankenzimmer auf meinem Handy an. Die Tante war soeben gestorben. Nachdem ich das Zimmer verlassen hatte, fing sie an, flacher zu atmen, ganz langsam hinüberzugleiten und schließlich den letzten Atemzug zu tun.

Ich war perplex, ging nach oben, wir umarmten einander. Es war eine ganz ruhige, aber auch emotionale Atmosphäre. Wir standen dort um das Bett und betrachteten den dann doch so plötzlich leblosen Körper. Er hatte sich mit einem Mal verändert. Kein schweres Atmen mehr, Frieden.

Ich folgte einem Impuls und fragte, ob ich das lesen könne, von dem ich zuvor gesprochen hatte, und beten dürfe. Ja, das durfte ich. Ich las ganz langsam die wirklich mächtige, starke und Hoffnung gebende Zusage aus Johannes 11,25-26: „Jesus sprach: Ich bin die Auferstehung und das Leben. Wer an mich glaubt, der wird leben, auch wenn er stirbt, und wer da lebt und glaubt an mich, der wird nimmermehr sterben“ (Johannes 11,25-26; LUT). Danach beteten wir. Ich sagte, dass wir die Tante ganz in Gottes Hand legen konnten, und dankte dafür. Mit meinem Cousin stand ich Arm in Arm vor dem Bett.

Was für eine Zusage: Wer an Jesus glaubt, wird leben, auch wenn er gestorben ist. Es war ein großer Trost im Raum. Mein Cousin meinte: „Sie ist schon ganz woanders. Sie ist schon gar nicht mehr da.“ Ja, das Gefühl hatte ich auch.

Die Zusage aus Psalm 32,8 hat sich hier erfüllt: „Ich will dich leiten, ich will dich mit meinen Augen leiten.“ Ich hatte das Gefühl, dass die genaue Zeitplanung von Gott war. Ich hatte gebetet, ich hatte ihm vertraut und jede Minute war perfekt bis hin zum Apothekendienstfahrer. Ich konnte die Tante noch lebend antreffen, sie streicheln und segnen. Als sie starb, waren die ihr ganz nahe Stehenden allein mit ihr. Ich glaube, auch das war gut. Und danach konnte ich durch eine Lesung aus der Bibel und Gebet etwas beitragen, was sonst so vielleicht nicht möglich gewesen wäre. Ja, Gott hat das Timing übernommen. Er hat mein simples Gebet bis in das letzte Detail erhört.

Kapitel 13

Reich

Erfüllt leben

Schon immer wusste ich eins: Leben muss mehr sein als rein biologische Existenz. Leben muss mehr sein als die zufällige Verkettung von chemischen Prozessen, die für ein paar Jahre dazu führen, dass es einen Menschen gibt, der isst und trinkt und ausscheidet und sich fortpflanzt und alt wird und dann wieder in sich zusammenfällt, nur um andere Menschen zu hinterlassen, die essen und trinken und ausscheiden und sich fortpflanzen und alt werden, um wiederum andere Menschen zu hinterlassen ... und so weiter und so fort. Mir kam es oft so vor, als sei mein Leben erfüllt von einem Schrei, der einen verzweifelten Ton in sich trug: „Ich will leben!"

Bis heute habe ich dieses Verlangen. Bis heute bin ich auf Entdeckungstour. Es ist, als ob ich ein riesiges Land entdecken darf, voll mit einer Vielfalt an Natur, Tieren, Landschaften, Geschmackserlebnissen, Menschen und vielem mehr. Ich habe den Eindruck, als hätte ich erst einen kleinen Landstrich erkundet und hätte noch viel vor mir.

Meine erste Entdeckung war, dass ich mich eigentlich nach Gott selbst sehnte. Er hat ja das Leben geschaffen. In seinem Sohn hat er sich einzigartig offenbart. Jesus sagte: „Ich bin der Weg und die Wahrheit und das Leben!" (Johannes 14,6a). Das Leben! Wenn er das Leben war, dann ging es einzig darum, ihn kennenzulernen, ihm zu folgen, ihn zu hören und das als Geschenk zu empfangen, was er bringt. „Niemand kommt zum Vater als nur durch mich", sagte er weiter (Johannes 14,6b). Durch Jesus und allein durch Jesus habe ich Kontakt mit dem, der alles Leben geschaffen hat. Ich fand Frieden mit Gott. Ich fand Frieden mit mir selbst. Meine Sünde war vergeben. Ihre lebenszerstörende Kraft hatte keine Macht mehr. Das Leben konnte beginnen. Und es begann. Jesus ist der, der das Leben definiert. Das war der Anfang.

Dieser Jesus sagte auch: „Wer sein Leben retten will, wird es verlieren; wer aber sein Leben verliert um meinetwillen, wird es finden" (Matthäus 16,25). Ich verstand nicht alles an dem Satz, aber dass ich mein Leben an ihn verlieren sollte, das war klar. Jesus sollte genug sein. Ich sagte zu ihm: „Die Herrschaft meines Lebens liegt allein in deiner Hand. Mach damit, was du möchtest."

Und der, dem ich das sagte, an den ich mein Leben verloren hatte, er ist derselbe, der verheißen hat: „Ich bin gekommen, damit sie das Leben haben und (es in) Überfluss haben" (Johannes 10,10). Das ist die Zusage Gottes, die mich seitdem immer wieder motiviert und geradezu provoziert, mit dem, was ich bislang ge- und erlebt habe, nicht zu sehr zufrieden zu sein. Es muss noch mehr geben, als ich bisher entdeckt habe. Die „Fülle des Lebens", „Leben in Überfluss", das klingt nach unfassbar viel. Unfassbar im wahrsten Sinne des Wortes.

Vor mir entsteht das Bild eines Bechers, in den jemand etwas eingießt. Und er gießt und gießt, sodass der Becher es nicht fassen kann. Er fließt über. Das führt dann im durchschnittlichen Haushalt zu etwas, das wir „Schweinerei" nennen. Der Tisch wird geflutet. Es mag nun sehr ordnungsliebende Menschen geben, die dieses Bild nicht sehr anziehend finden. Ich schon. „Überfließendes Leben" , „Überfluss", das ist Intensität, das ist Freude pur. Es ist Leben pur. Es ist im wahrsten Sinne des Wortes nicht zu fassen.

Die Bibel lehrt uns zu leben. Ich bin überzeugt, dass es so etwas gibt wie christliche Lebenskunst. Es ist die Kunst, die Fülle des Lebens aus Gott zu erfahren. Es gibt ganze Bücher in der Bibel, die sich der Frage widmen, wie denn das Leben gelingen kann. Diese Bücher werden als „Weisheitsliteratur" bezeichnet. Wenn Jesus die Weisheit ist (1. Korinther 1,30), dann ist daraus zu folgern, dass er in Sachen Leben ein echter Meister ist. Und das stimmt.

Lachen lernen

Natürlich gibt es unterschiedliche Typen. Die einen sind von ihrer Grundveranlagung her humorvoller als andere. Dennoch glaube ich, dass Humor eine Frucht der Gottesbeziehung sein kann. Denn wenn ich mit dem Schöpfer des Universums in Beziehung lebe und Frieden habe, wenn ich doch weiß, dass er mich trägt – durch das Leben und durch den Tod –, dann kann mir nichts mehr passieren und alles im Leben bekommt eine andere, eine gelassene und damit eine heitere Note. Humor heißt nicht, dass ich nun der große Witzerzähler werde. Es heißt, dass ich das Leben im richtigen Moment leicht nehme und die Komik des Alltags erkenne; dass ich das Leben nicht ernster nehme, als es ist, und den zerstörerischen Kräften ein entwaffnendes Lachen entgegenhalte.

Ich kenne keinen Menschen, der etwas vom Leben versteht und nicht herzlich lachen kann. Es ist eine Unart, Griesgrämigkeit und übertriebene Ernsthaftigkeit für besonders fromm zu halten. Und es ist ein Trauerspiel zu sehen, dass Christen meinen, wenn es um Gott und Glauben geht, dann müsse es ernst werden.

Weinen lernen

Als Jugendlicher habe ich mir das Weinen abgewöhnt. Ich versuchte, Gefühle nicht zu stark über mich herrschen zu lassen. Ich wollte die Kontrolle nicht verlieren. Dann las ich in der Bibel sehr viel über das Weinen. Die Beter der Psalmen ließen ihren Tränen freien Lauf. Sie baten Gott: „Sammle meine Tränen in deinen Krug; ohne Zweifel, du zählst sie“ (Psalm 56,9; LUT).

Tränen sind etwas völlig Normales in der Bibel. Ich hatte das Gefühl, dass mich meine Tränenlosigkeit sehr arm machte und mich abschnitt von einer Tiefe menschlicher Existenz, die Weinenden zugänglich ist. Ich betete deshalb darum, wieder weinen zu können. Interessanterweise schenkte mir Gott meine ersten Tränen während eines Traums. Ich träumte von etwas, das mich während des Schlafens zum Weinen brachte. Dadurch wachte ich auf. Ich war natürlich zunächst etwas irritiert, wie man eben beim Aufwachen irritiert ist. Aber dann war ich froh über diese Erweiterung meines Horizontes. Und ich musste grinsen. Gott hatte mir die ersten Tränen in aller Abgeschiedenheit geschenkt. Es musste mir daher nicht peinlich sein.

Später habe ich gelernt, auch vor Menschen weinen zu können. Ich bin keine „Heulsuse" geworden. Aber ich bin ein Mensch geworden, der Tränen kennt und dem sie manchmal kommen. Was fehlt denen, die keine Tränen kennen! Sie vertrocknen hinter den Mauern ihrer angeblichen Rationalität. Ich habe das Gefühl, mit dem Weinen die Fülle des Lebens ein wenig mehr entdeckt zu haben.

Genießen lernen

Zur Fülle des Lebens gehört es auch, mit allen Sinnen das zu genießen, was Gott schenkt. Genießen heißt für mich: Sinne anschalten, danken für Geschmack, Geruch, Aussichten, Ruhezeiten, Körperlichkeit und alles, was die Sinne eben anspricht. In den 70er- und 80er-Jahren gab es Tendenzen, die jeden Genuss unter den Verdacht stellten, dies auf Kosten der armen Bevölkerung in der „Dritten Welt", wie man das damals noch nannte, zu tun. Wir hatten ein dermaßen großes Problembewusstsein, dass wir uns den Genuss als etwas Dekadentes verboten. Dass dadurch kein anderer Mensch satt wurde, stand auf einem anderen Blatt.

Beim Genießen geht es nicht um „Prasserei" oder „Völlerei". Genuss ist eher feinsinnig. Genuss braucht nicht viel. Lebensdienlicher Genuss spielt mit den Sinnen und allem, was sie aufnehmen können. Genuss ehrt Gott. Es ist eine Form, „Danke" zu sagen. Gleichzeitig ist Genuss nicht alles. Wenn der Genuss den verdrängt, der mir die Gaben schenkt, ist Genuss Götzendienst. Aber recht verstanden ist Genuss eine Form, die Fülle des Lebens, die Gott schenkt, anzunehmen und daraus zu schöpfen.

Verzichten lernen

Ich lebe im Wohlstand. Aber mir war immer wichtig, möglichst unabhängig davon zu sein. Zwar befürchte ich, dass diese Unabhängigkeit inzwischen nachgelassen hat, aber Verzicht ist ein selbst auferlegtes Trainingsprogramm, um die eigenen Sinne zu schärfen, um die Freiheit zu erhalten und mit wenig zufrieden sein zu können. „Froh zu sein, bedarf es wenig, und wer froh ist, ist ein König", habe ich gelernt, als Kind zu singen. Ein simpler Kanon, aber in seiner Aussage sehr tief. Wer froh ist, ist ein König. Nicht der reiche, nicht der mächtige, sondern der frohe Mensch. Und dazu bedarf es wenig. In der deutschen Wohlstandskultur ist es absolut notwendig, sich die Freude an den einfachen Dingen zu erhalten. Und durch Verzicht und Einfachheit die innere Freiheit zu bewahren.

Kleiner Trainingstipp: Wenn Sie das nächste Mal mit dem Hotelzimmer oder einem Service oder irgendeinem äußeren Umstand unzufrieden sind und Sie allen Grund hätten, sich zu ärgern und zu beschweren (und das vielleicht auch angemessen wäre), schalten Sie um. Verzichten Sie darauf, entdecken Sie das Gute in dem Einfachen und geben Sie sich mit der Situation zufrieden, ohne darüber zu schimpfen. Sie verzichten auf „Ihr Recht" und werden so ein König durch Ihre Freude an den einfachen Verhältnissen. Sie werden überrascht sein, wie das funktioniert. Das kann und soll man nicht immer so machen, aber ab und zu ist es eine gute Übung.

Geben lernen

Ich habe von meinen Eltern gelernt zu geben. Es gab Kollekten, an denen ich mich mit meinem Taschengeld beteiligen konnte. Dabei empfand ich keinen Druck! Mir war das Ganze vorher erklärt worden und ich fand es schön, von dem zu geben, was ich hatte.

Als ich dann das erste Mal Mitglied einer Freien evangelischen Gemeinde wurde, fragte ich den Kassierer, wie es mit Mitgliedsbeiträgen aussehe. Er antwortete: „Viele handhaben es so, dass sie zehn Prozent ihres Einkommens geben, und ich empfehle es auch. Im Alten Testament gibt es diese Richtschnur. Wir haben aber keine einheitliche Regel. Einen *fröhlichen* Geber hat Gott lieb. Das ist die Hauptsache."

Seitdem habe ich zehn Prozent meines Einkommens gegeben, und das möglichst fröhlich. Ich weiß: Hin und wieder wird mit diesen zehn Prozent Druck auf Gemeindeglieder ausgeübt. Und manchen würde ich aus rein menschlichen Gründen sagen: Gib ruhig weniger. Anderen würde ich hingegen raten: Gib mehr!

„Bringt den ganzen Zehnten in das Vorratshaus, damit Nahrung in meinem Haus ist! Und prüft mich doch darin, spricht der HERR der Heerscharen, ob ich euch nicht die Fenster des Himmels öffnen und euch Segen ausgießen werde bis zum Übermaß" (Maleachi 3,10). Auf diese Anweisung und Zusage bezieht sich eine lange Tradition. Sicher, man kann gesetzlich damit umgehen. Aber ich kenne niemanden, der pleite gegangen ist, weil er den Zehnten seines Einkommens an andere gegeben hat. Im Gegenteil: Ich kenne nur Leute, die bezeugen können, dass Gott sie versorgt hat, wenn sie sich auf das Wagnis eingelassen haben. Sie verließen sich auf die Zusage, obwohl sie zunächst Israel gegeben wurde und obwohl diese Richtschnur nicht einmal im Neuen Testament zitiert wird.

Ich kann für mich selbst sagen: Ich muss immer wieder neu lernen zu geben und darin – das ist wichtig – eine Freiheit entdecken, die nur durch das Geben kommt. Es ist für mich bis heute manchmal schwierig, weil ich sehe, wie andere mit ihrem Geld umgehen. Aber dann sage ich mir, dass ich für ihre Finanzen ja nicht verantwortlich bin. Und ich führe mir vor Augen, dass Gott dem, der gerne gibt, Segen geben wird. Ich weiß nicht, wie der Segen aussehen wird, aber sicherlich geht damit ein befreiter Geist einher, der nicht an Materielles gebunden ist. Und Gottes Versorgung reicht. Das habe ich bisher erfahren, und damit rechne ich in Zukunft.

Nehmen lernen

Es gibt jedoch auch das Gegenteil. Manchmal fällt es schwer, zu nehmen! Wir wollen bei niemandem „in der Kreide" stehen. Bei Gott kann man jedoch auch lernen zu nehmen.

Dabei geht es nicht darum, gierig zu nehmen, was mir gar nicht zusteht. Es geht darum, zu nehmen, was sich anbietet, was mir geschenkt wird, was niemandem schadet. Es geht darum, zu empfangen. Und es geht um ein gesundes Verhältnis von Geben und Nehmen. Wer gar nicht nehmen kann, wird sich auch die Gnade Gottes nicht gefallen lassen.

Ich lebe seit vielen Jahren von Spenden. Manche „Vollzeitler" haben damit Schwierigkeiten. Ich nicht. Die Menschen spenden ja, damit ich meine ganze Zeit einsetzen kann für die Aufgaben, für die ich berufen wurde. Ich nehme auch meinen Urlaub. Manchmal gibt es in christlichen Werken die Unart, auf Urlaub zu verzichten, um der „Sache Gottes" besonders zu dienen. Das mag in speziellen Zeiten ehrenhaft und angebracht sein. Meist jedoch wird daraus eine moralische Überlegenheit und eine heimliche Macht abgeleitet, die keinem guttut. Man muss lernen zu nehmen, manche sogar ihren Urlaub.

Früher galt es als höflich und vornehm, bei einem Büffett eher zurückhaltend aufzutreten, auf gar keinen Fall zu früh aufzustehen und sich zu bedienen. Das hat sich zu meiner Erleichterung geändert. Heute kann es als Ausdruck von gutem Appetit und Freude an der Einladung und damit als Wertschätzung des Gastgebers interpretiert werden, wenn man zügig ans Büffett geht und sich bedient. Es muss ja nicht zur „heißen Schlacht am kalten Büffett" ausarten. Aber es ist auch unnötig, eine „falsche Bescheidenheit" zur Schau zu stellen.

Ich habe gelernt zu nehmen, weil Gott mir gerne gibt.

Und so könnte ich weiter erzählen und jeweils die beiden Pole beschreiben.

Ich habe gelernt, vor Ausgelassenheit zu tanzen, und ebenso, melancholisch zu sein.

Ich habe gelernt, hart zu arbeiten, und gelernt, mich zu entspannen.

Ich habe gelernt, zu klagen und zu danken.

Ich habe gelernt, in der Liebe verrückt und überraschend zu sein, aber auch treu und verlässlich; wahrhaftig, aber auch zudeckend; zärtlich und auch durchgreifend – je nachdem, was dran ist.

Ich habe gelernt, dass Gottes Liebe zu mir so vielseitig ist.

Ich habe gelernt, für Schönes und für Schweres zu danken, für nette Leute und für – aus meiner Sicht – komische Zeitgenossen.

Und natürlich: Ich bin immer noch dabei, all das zu lernen und die ganze Bandbreite des Lebens auszuschöpfen. Ich habe aus der Fülle noch viel zu wenig erfasst. Aber immerhin ein wenig!

Die Fülle des Lebens entdecken

„Der Herr ist mein Hirte, mir wird nichts mangeln." Mit diesen Worten beginnt der wohl bekannteste Psalm der Bibel, Psalm 23. Wenn Jesus mein Hirte ist (Johannes 10,11), wird mir nichts mangeln. Ich habe diesen Vers lange so verstanden, als würde dadurch ausgedrückt, dass es mir immer gut gehen müsse. Dass das Unsinn ist, wurde mir bald klar. Aber es blieb dieses Grundvertrauen, dass mir nichts mangeln würde, selbst, wenn ich es manchmal so empfinde. Ich glaube das bis heute.

Vor Jahren hat sich mein Verständnis dieses Verses allerdings noch einmal erweitert. Eine Bekannte von uns starb an Krebs. Sie hinterließ ihren Mann und vier Kinder. In der schweren Krankheitszeit sagte sie, sie würde an Psalm 23 festhalten. Aber sie habe erkannt, dass ihr auch an Schwerem nicht mangele. Ja, Sie haben richtig gelesen: dass es ihr *an* Schwerem nicht mangele.

Ich fand das zunächst etwas seltsam, den Vers so zu verstehen. War das zynisch gemeint? Oder redete sie sich das ganze Elend schön? Ich war skeptisch, behielt die Worte aber im Hinterkopf. Sie fielen mir immer wieder mal ein. Inzwischen kann ich sie nachvollziehen. Nichts wird mir mangeln: an Schönem und Schwerem. Das ist die Fülle des Lebens. Sie bedeutet nicht, dass ich immer gut drauf bin. Sie bedeutet, dass ich das Leben in der ganzen Bandbreite durchschreite.

Ich habe jahrelang ein Bild von Jesus in mir getragen. In diesem Bild war er immer ruhig, immer gleich gut drauf, mit einem ganz gleichmäßig ruhigen Herzen. Erst nach Jahren entdeckte ich, dass dies eher das Ideal fernöstlicher Religiosität ist, in der „Leidenschaft" alle Probleme des menschlichen Lebens verursacht und zu überwinden ist. Je genauer ich die Bibel las, desto mehr entdeckte ich die große Bandbreite dessen, was Jesus lebte. Er war voller Leidenschaft. Er konnte weinen, konnte aufbrausen, war auf Feiern und in der Abgeschiedenheit der Wüste. Er arbeitete als Bauingenieur und predigte in Synagogen. Er heilte Kranke, aber nicht alle. Er war ganz Gott und war ganz Mensch. Er war frustriert und voller Freude. Er lief nicht auf einer pneumatisch abgefederten Wolke, sondern durch den Staub der judäischen Gassen. Ganzheitlichkeit bedeutete für ihn nicht nur sozialdiakonische Arbeit, sondern genauso die Freude am Leben. Diese Fülle des Lebens, die er selbst durchschritt und lebte, gehört auch denen, die ihm folgen. Nichts wird ihnen mangeln – nichts Schönes, nichts Schweres.

Mit den Zusagen Gottes leben heißt, die Fülle des Lebens entdecken. Die Liebe Gottes entdecken in der konzentrierten und somit dichtesten Ausprägung, nämlich im Tod und der Auferstehung Jesu Christi vor zweitausend Jahren. Und sie entdecken in der Breite und Höhe und Tiefe und Länge von allem, was Gott heute bereithält, denn „wie wird er (Gott) uns mit ihm (Jesus) nicht alles schenken?" (Römer 8,32).

Es ist eine völlig andere Art zu denken und zu leben, wenn man die Zusagen Gottes als Fundament, Mittelpunkt und Ziel des Lebens hat. Wer mit ihnen lebt, der lebt anders.

Ich bete und arbeite dafür, dass Menschen von Gottes Zusagen erfüllt und bewegt werden.

Die Zusagen Gottes stehen fest, halten uns und bewegen uns.

Wer sie hat, der wird selbst fest, gibt Halt und bewegt etwas. Wir brauchen solche Persönlichkeiten. Unsere Gemeinden brauchen sie, unsere Gesellschaft braucht sie.

Und Gottes Geist wird sie erwecken.

Anmerkungen

1 Nina Pauer, „Wir haben (keine) Angst. Gruppentherapie einer Generation – ein Hilferuf", Frankfurt a.M. 2011, zusammenfassender Artikel in DIE ZEIT, 8.9.2011.

2 Rolf Debelli, Die Kunst des klaren Denkens, 52 Denkfehler, die Sie besser anderen überlassen, München 2011, S. 85ff.

3 Rolf Dobelli, Die Kunst des klaren Denkens, S. 86.

4 Harald Petersen, Ohne mich läuft nichts! Der (un)fromme Hunger nach Macht, Witten 2005.

5 Mehr zu der Frage, wie es denkbar ist, dass ein Gebet Davids zur Zusage Gottes wird, in den Kapiteln 4 und 5, speziell S. 73.

6 Im Zusammenhang mit der Väterverheißung spielt das Wort nischba' (von schaba') „schwören" und schevu'ah „Schwur" eine wichtige Rolle.

7 Walter C. Kaiser Jr., Toward an Old Testament Theology, Grand Rapids 1981.

8 „That the element of the 'promise' is that center which may be demonstrated from every era of the canon." (Kaiser, Toward an Old Testament Theology, ix).

9 Vor diesem Hintergrund ist es bemerkenswert, dass Goethe seinen Faust nach längerer Überlegung diese Bibelstelle übersetzen lässt mit: „Am Anfang war die Tat!" (Faust, 1. Teil, Zeile 1237). Kritisch ist dennoch zu sehen, dass Goethe genau dadurch Wort und Tat so voneinander trennt, als enthielte das Wort eben keine Wirkmacht.

10 Das lateinische promissio kommt in seinen Texten als zentraler Begriff vor – worin man das englische promise wiedererkennt, also das Versprechen.

11 Hoc est novam ecclesiam construere – das bedeutet, eine neue Kirche zu schaffen.

12 Ein beispielhafter Artikel unter http://www.spiegel.de/wissenschaft/mensch/psychologie-menschen-unterschaetzen-zukuenftige-veraenderung-a-875729.html. Letzter Aufruf: 19.6.2013.

13 Rodney Stark, The Rise of Christianity. How the Obscure, Marginal Jesus Movement Became the Dominant Religious Force, San Francisco 1997.

14 Diese Beobachtung will darauf hinaus, dass aus der Fülle von Augenzeugenberichten die Verfasser der Evangelientexte so auswählten, dass es für ihre Zielgruppe bedeutsam wurde. Es heißt nicht, dass sie einfach Ereignisse, Reden und Texte erfanden.

15 C.H. Spurgeon, Kraft der Verheißung, Wuppertal und Kassel 1995, S. 7-8.

16 Der Agnostiker sagt, man könne nichts über Gott aussagen, man könne einfach nichts über ihn wissen (agnosia = Unkenntnis), im Gegensatz zum Atheisten, der meint, fest behaupten zu können, dass es keinen Gott gibt. Der Agnostizismus ist wesentlich weiter verbreitet und ein Phänomen unserer Zeit, besonders der sogenannten „westlichen Welt".

17 Dietrich Bonhoeffer, Die Psalmen. Das Gebetbuch der Bibel, Gießen 2013.

18 C.H. Spurgeon, Kleinode göttlicher Verheißungen, Wuppertal und Kassel 1999, S. 164. Im Bibelzitat und Text habe ich kleine sprachliche und orthografische Veränderungen vorgenommen, um die Lesbarkeit zu erleichtern.

19 Entsprechend dem berühmten Satz des griechischen Philosophen Sokrates.

20 Rob Bell, Das letzte Wort hat die Liebe, Gießen 2011.

21 Esther Maria Magnis, Gott braucht dich nicht, Reinbek 2012, S. 223-225.

22 Martin Luther, Vorreden zum Neuen Testament, zitiert bei W. Härle, www.w-haerle.de/texte/Luthers_Rechtfertigungsverstaendnis.pdf, S. 7. *Letzter Aufruf: 20.6.2013.*

23 Richard Foster, Das Geschenk der Einfachheit, Wuppertal 1998, S. 22.

24 Wunderbare Lektionen sind zu finden in dem Artikel „Die Überlebenskünstler – es gibt Unternehmen, die überstehen jede Krise. Warum?", DIE ZEIT, 17.2.2011.

25 Christian A. Schwarz, Natürliche Gemeindeentwicklung, Elmsbüll 1996.

26 Reinhard Spincke / Bernd Kanwischer, Das Gemeinde-Comeback, Witten 2011.

27 Dieter Brandes, Einfach managen. Klarheit und Verzicht, der Weg zum Wesentlichen, Frankfurt/Wien 2002.

28 WA TR III, S. 454,22-455,2, zitiert in: Johannes Reimer, Leben.Rufen.Verändern, Marburg 2013, S. 208.

29 Foster, Das Geschenk der Einfachheit, S. 16.

30 Leider übernimmt keine deutsche Übersetzung diese Struktur. Die einzige Ausnahme ist die Neue Genfer Übersetzung, jedoch auch nur in einer Randnotiz. Dort wird zu diesem Text erklärt: „Im Griechischen sind die Verse 19-21 auf eine Weise mit 18b verknüpft, die nahelegt, dass sie das Mittel (indem ihr einander ermutigt ...) bzw. das Resultat (sodass ihr einander ermutigt ...) der Geisterfüllung beschreiben." (NGÜ zu Epheser 5,19, Randnotiz „s", S. 442).

31 Magnis, Gott braucht dich nicht, S. 208-210.

32 Mario Vargas Llosa, Das Paradies ist anderswo, Berlin 2005.